Collection folio junior

dirigée par
Jean-Olivier Héron
et Pierre Marchand

Né en Inde, **Badri Narayan** est un artiste autodidacte. Il expose ses premières toiles à l'âge de dix-neuf ans. Aujourd'hui, un grand nombre de ses tableaux figurent dans les musées d'art contemporain du monde entier, et des expositions lui ont été consacrées à plusieurs reprises dans des villes comme Prague, Leipzig, Paris et Tokyo. Récemment, le gouvernement indien lui a décerné un grand prix, couronnant l'ensemble de son oeuvre. L'aquarelle est son mode d'expression favori, mais il réalise aussi des mosaïques et des peintures sur céramique.

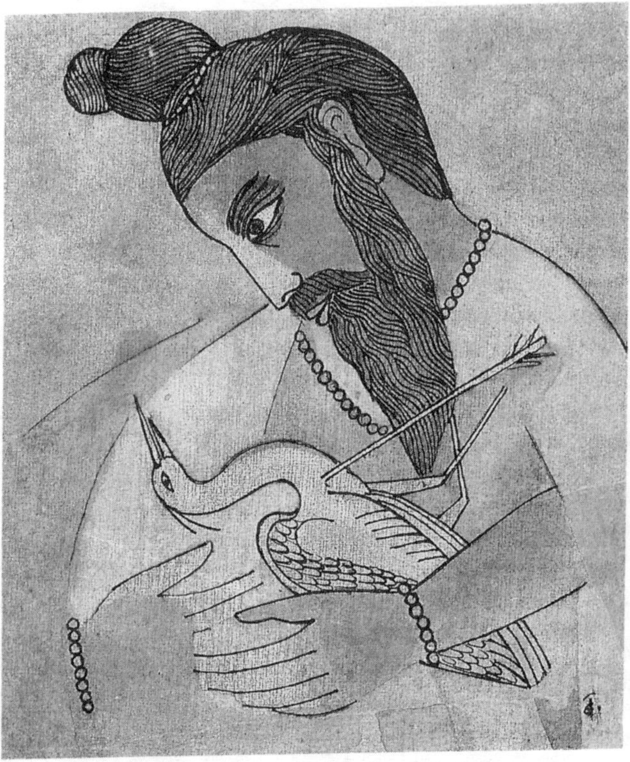

Mathuram Bhoothalingam est née en 1915 en Inde du Sud. Après des études de philosophie, d'art et de littérature, elle décide de se consacrer à l'écriture. Selon l'ouvrage entrepris, elle se sert de l'une des deux langues qu'elle maîtrise parfaitement : le tamoul et l'anglais. Pour les romans et les nouvelles nés de sa seule imagination, le tamoul, sa langue maternelle aux racines très anciennes, remarquable de simplicité et de pureté, s'est imposé d'emblée. En revanche, soucieuse de transcrire les grandes épopées de la littérature indienne en termes accessibles à tous, Mathuram Bhoothalingam a écrit en anglais, les nombreux articles et ouvrages qu'elle leur a consacrés. Outre son *Histoire de Rama*, on lui doit, entre autres, une adaptation du *Mahabharata* destinée, elle aussi, à de jeunes lecteurs.

Titre original :

The Story of Rama

Publié pour la première fois par Asia Publishing House Inde

Mathuram Boothalingam

Histoire de Rama

Traduit de l'anglais
par Michelle Esclapez

Illustrations de Badri Narayan

Gallimard

Comment fut révélé le Ramayana

Le Ramayana est l'histoire de Rama. Selon la tradition indienne, il fut composé par le sage et poète Valmiki, dans un état de divine inspiration. Aujourd'hui encore, Le Ramayana est récité ou chanté dans l'Inde entière et il émeut toujours autant le cœur des hommes.

La façon dont ce grand poème épique fut suggéré au sage Valmiki est en elle-même un conte digne d'intérêt. Alors qu'il marchait, un jour, le long d'une rivière, il entendit deux oiseaux roucouler dans un arbre. Ils formaient un couple touchant et Valmiki s'était arrêté pour contempler leurs ébats. Soudain un cri perçant déchira le silence et l'un des deux oiseaux s'écroula, battant de l'aile et haletant, blessé à mort par la flèche d'un chasseur qui passait. Son compagnon le suivait en gémissant, agitant ses ailes d'un mouvement désespéré. Valmiki, profondément bouleversé par la scène, se tourna vers le chasseur :

– Comment avez-vous pu être si cruel ? lui dit-il.

Sachant à peine ce qu'il faisait, le sage se prit alors à murmurer sur la triste destinée de ces oiseaux. Les mots tombés de ses lèvres résonnaient d'une beauté singulière et, comme il les répétait à mi-voix, leur musique le frappa. C'étaient des vers rimés. « Quel don merveilleux ! » pensa-t-il. L'avait-il possédé depuis toujours ou bien était-ce un présent des dieux, une faveur qu'ils lui accordaient ? Et comment l'avait-il méritée ?

Tandis qu'il retournait ces pensées dans sa tête, le dieu Brahma lui apparut sous sa forme humaine et lui dit :

– Tu es celui que je cherchais pour faire connaître au monde le Ramayana. Les hommes s'en souviendront sur terre aussi longtemps qu'il y aura des montagnes et des rivières. Tu devras désormais consacrer ton art poétique à cette œuvre sacrée et ton nom vivra éternellement comme celui du poète du Ramayana.

Brahma disparut, mais ses paroles continuaient de résonner aux oreilles de Valmiki. Il se mit alors à chanter pour lui-même, à mi-voix, tout doucement. Ainsi naquit la grande épopée du Ramayana, sous la forme que nous lui connaissons. Avec le temps, Valmiki apprit à ses élèves à psalmodier les versets ; ils les chantaient joyeusement, puis les enseignèrent à d'autres selon les rythmes glorieux de l'épopée.

C'est ainsi que d'âge en âge se transmit Le Ramayana. Plus tard, on transcrivit les versets sur des feuilles de palme, mais, même encore de nos jours, les Indiens préfèrent Le Ramayana récité ou chanté.

1
La naissance de Rama

Ayodhya était la capitale du royaume de Kosala. C'était une magnifique citadelle située sur les bords de la rivière Sarayu, ornée de temples et fleurie d'agréables jardins. Tout y respirait la joie : les champs, les vergers, les arbres, les fleurs, les oiseaux et les habitants.

Les rues d'Ayodhya étaient propres et bien entretenues. La terre produisant en abondance pour tous, on n'y voyait point de mendiants. La ville était à l'image d'une ruche : artisan ou commerçant, chacun accomplissait joyeusement sa tâche.

Le peuple d'Ayodhya était pieux, attaché à ses dieux, et l'on eût difficilement trouvé un habitant qui ne leur offrît ses prières quotidiennes. La plupart étaient aussi de bons soldats, tout dévoués au service de leur roi. Enfin, c'était un peuple gai, serviable, content de son sort, qui aimait la vie et les arts. Le chant, la danse, la pantomime étaient largement pratiqués. Les nobles mais aussi le petit peuple envahissaient les salles de musique et les théâtres.

Ces gens heureux avaient pour roi le grand et noble Dasaratha, célèbre dans les trois mondes pour sa bonté et ses prouesses guerrières. C'était un souverain juste, sage et pieux, et l'on disait qu'Indra lui-même, le dieu des dieux, avait eu recours à son aide. Accomplir son devoir royal était le premier souci de Dasaratha qui se trouvait heureusement secondé dans cette tâche par de bons ministres. Son premier maître était le fameux *rishi* * Vasishta, un sage de grande renommée et d'un profond savoir, respecté par tous, y compris par le dieu Brahma. Sous la protection d'un tel souverain, qui ne vivait que pour le bien-être de ses sujets, le peuple d'Ayodhya était en paix, exempt de peur, d'envie et de corruption.

Mais, bien qu'il possédât tout ce qu'un homme peut désirer, le roi Dasaratha n'était pas heureux. Il n'avait pas d'enfant et cette absence de postérité le désolait. Qui prendrait soin du royaume après sa mort ? Cette pensée le tourmentait et ridait son front royal. Le sage Vasishta, sachant combien Dasaratha était aimé des dieux, lui conseilla, pour se concilier leurs faveurs, d'offrir un sacrifice appelé « Aswamedha » ou sacrifice du cheval.

En ce temps-là, le sacrifice du cheval était considéré comme le plus sacré de tous les rituels, et seul un roi puissant, craint et respecté par tous les souverains alentour, pouvait se permettre une telle offrande. Pour prouver sa suprématie, le roi devait d'abord envoyer un cheval en liberté dans les royaumes voisins, escorté d'une troupe de soldats choisis pour leur vaillance et leur courage, et desti-

* Les noms communs indiens sont écrits la première fois en italique. Ils sont expliqués dans le glossaire, aux pages 194-195 du livre.

nés à le protéger des attaques éventuelles des autres souverains. C'est seulement au terme d'une année – si le cheval royal revenait vainqueur et indompté – que le roi pouvait entreprendre les rites du sacrifice.

Grâce aux puissants guerriers que Dasaratha avait placés autour de lui, aucun souverain n'osa affronter ni arrêter le cheval royal dans sa course, et il revint triomphalement à son maître après une année de vagabondage. A son retour, Dasaratha, tout heureux, ordonna les préparatifs du sacrifice. Nombre de souverains étrangers avaient été conviés avec leurs suites à assister à la cérémonie. On dressa des tentes et on fit toutes sortes d'aménagements pour les recevoir. Dasaratha en personne veillait au moindre détail. De ses propres mains, il laboura le sol où devait prendre place le sacrifice, sur les bords de la rivière Sarayu. Le sage Vasistha prépara l'autel. Des *brahmines* furent engagés pour veiller au parfait accomplissement de tous les rites. Au jour le plus favorable fixé par les astrologues, Dasaratha alluma la lampe du sacrifice et, pendant les jours qui suivirent, les prêtres chantèrent les hymnes védiques en versant des offrandes dans le foyer. Ce fut une cérémonie unique, empreinte d'une royale grandeur. Une centaine de souverains se trouvaient là, avec leurs suites, nobles et amis qui s'étaient rassemblés pour y assister. Dasaratha fit en outre de riches présents aux prêtres et aux brahmines, en bétail, en terres et en or.

En vue de se préparer au grand jour du sacrifice, les trois épouses de Dasaratha : Kausalya, Sumitra et Kaikeyi avaient passé la nuit en prières, veillant près du lieu du sacrifice. Au matin, Kausalya, la première reine, le cœur plein d'espoir, sacrifia le cheval à l'aide d'une épée. Puis les prêtres dépecèrent l'animal en seize parties égales qu'ils jetèrent ensuite, une à une, dans le feu sacrificiel. Les dieux, satisfaits, reçurent les offrandes. Le grand prêtre récita alors les prières qui convenaient à la naissance d'un fils de sang royal. Tandis que son chant s'élevait, Dasaratha priait.

La peine et les supplications de Dasaratha émurent les devas, ces êtres de lumière immortels qui peuplent les régions célestes. Ils étaient des demi-dieux et possédaient des pouvoirs surnaturels. Indra, leur roi, était le dieu de la pluie ; son arme, le tonnerre. Agni était le dieu du feu, et Vayu, le dieu du vent. On comptait des centaines de devas au royaume d'Indra ; mais leur vie n'était pas exempte de tourments car leurs ennemis traditionnels, les asuras, également appelés rakshasas, les soumettaient à de continuelles attaques. Ces rakshasas étaient l'exact opposé des devas et représentaient les puissances du mal. Forts et rusés, ils possédaient d'innombrables charmes magiques qu'ils utilisaient dans leur lutte incessante contre les devas. Quelquefois, les devas étaient si oppressés qu'ils avaient recours à l'aide de Vishnu, le dieu suprême.

A l'époque où Dasaratha offrait son sacrifice, les devas avaient fort à faire contre un rakshasa à dix têtes, nommé Ravana le Terrible. Fils d'un rishi instruit dans la science des *Vedas,* il s'était acquis, par de longues années de prières et d'ascétisme, les faveurs du dieu Brahma. Celui-ci lui avait accordé, en particulier, l'invincibilité contre les devas et les asuras. En conséquence, Ravana se crut immortel. Sa violence et son arrogance s'accrurent de jour en jour et ne connurent plus de bornes. Il troublait ciel et terre et finit par détrôner Kubera, le dieu des richesses et roi de Lanka. Voici donc Ravana, le puissant et instruit rakshasa, fils d'un sage brahmine, devenu usurpateur et roi de Lanka.

Les devas, ne pouvant vaincre Ravana, furent obligés, à plusieurs reprises, de se soumettre à ses insultes. Mais, un jour, ils crurent avoir découvert le moyen d'y mettre fin. Le grand Brahma n'avait-il pas omis, en accordant sa faveur à Ravana, d'inclure l'homme dans ceux qui ne pouvaient le vaincre ? Ou était-ce Ravana lui-même qui, dans son mépris pour l'homme, n'avait pas daigné demander l'immunité contre lui ? Là se trouvait la chance des devas : seul un homme serait capable de vaincre Ravana le Terrible. Il fallait donc en trouver un suffisamment fort et courageux pour oser l'affronter. Mais où trouver un tel héros ?

C'est à l'instant même où cette question les tourmentait que les devas entendirent les prières de Dasaratha. « Voici un grand roi, se dit Indra, qui prie pour sa postérité. Pourquoi ne pas lui accorder un fils qui aiderait les devas dans leur lutte contre Ravana ? » Dans cette pensée, il recourut à la grâce de Vishnu, le dieu suprême :

– O Dieu tout-puissant, supplia-t-il, daigne nous protéger contre le démon Ravana ! Brahma l'a rendu invincible. Il ne peut succomber ni aux coups des asuras ni à ceux de devas. Seul un homme pourrait le vaincre. Crée ce héros qui nous sauvera !

Alors Vishnu, dans sa compassion infinie, promit au roi des devas que lui-même descendrait sur terre et s'incarnerait sous la forme d'un homme, du nom de Rama, fils du roi Dasaratha.

Pendant ce temps, à Ayodhya, les offrandes continuaient d'alimenter le feu du sacrifice. Les prêtres chantaient les hymnes sacrés. Le roi était plongé en méditation. Alors émergea du foyer un

être éblouissant de lumière, aussi brillant qu'un soleil et serrant dans ses mains une coupe d'or.

– Roi Dasaratha, dit la forme divine, les dieux t'envoient ce nectar. Partage-le entre tes épouses. Elles te donneront les fils que tu désires.

Ayant prononcé ces paroles, l'apparition s'évanouit.

Transporté de joie, le roi, à peine le sacrifice terminé, se précipita vers l'appartement des reines, tenant dans ses mains la coupe d'or.

– Voici le nectar que les dieux vous envoient, leur dit-il. Partagez-en le contenu afin de concevoir des fils.

Les trois reines, Kausalya, Sumitra et Kaikeyi, chacune à leur tour, reçurent la coupe avec empressement. Tandis qu'elles buvaient, leurs visages rayonnaient d'une beauté surnaturelle.

Des trois épouses du roi, Kausalya était l'aînée. C'était aussi la plus pieuse et la plus noble. Sumitra, la deuxième, était sage et juste ; Kaikeyi, la plus jeune, était la plus belle de toutes et aussi la favorite du roi.

Dans le mois de chaitra, Rama naquit du sein de Kausalya, Bharata de Kaikeyi, les jumeaux Lakshmana et Satrughna de Sumitra. Dasaratha sentait maintenant qu'il avait atteint le comble du bonheur. Il remercia les dieux et fit de riches présents aux prêtres et aux brahmines. On libéra des prisonniers et on passa trois jours en festins et en réjouissances. Les cloches des temples sonnèrent à toute volée pour annoncer l'heureuse nouvelle à la ronde. Les habitants d'Ayodhya se réjouirent et les rues de la cité résonnèrent de leurs rires et de leurs chants.

2
L'éducation de Rama

Les quatre fils du roi Dasaratha étaient maintenant des jeunes gens grands, beaux et forts, qui faisaient la joie de leur cité. Ils avaient fière allure quand ils passaient dans les rues d'Ayodhya et on les admirait tant pour leur noble maintien que pour leurs manières douces et affables. A cheval ou à dos d'éléphant, ils partaient souvent chasser dans les forêts avoisinantes. On leur avait enseigné, comme à tous les princes, la course d'obstacles, le tir à l'arc et le maniement des armes, et ils excellèrent bientôt dans toutes les disciplines martiales.

Le sage Vasishta s'était chargé lui-même de leur éducation et fut leur principal *guru.* Il les guida dans l'apprentissage des Vedas qui sont la source de toute sagesse traditionnelle et dans l'étude des *Sastras,* traitant des principales sciences. Mieux encore, il leur transmit directement sa propre sagesse et éveilla leurs cœurs aux multiples devoirs d'un souverain : comment protéger son peuple des ennemis éventuels ; comment le gouverner d'une manière juste et sage ; comment lui prodiguer les mêmes soins attentifs que ceux d'un père à l'égard de ses propres enfants ; enfin, comment établir et préserver le *dharma,* la loi morale qui doit dicter chacune de nos actions.

Le roi aimait ses fils d'une tendresse égale, mais Rama était le plus proche de son cœur car il était prompt à saisir ce que son père attendait de lui, avant même d'en avoir été averti. Cette qualité le rendait tout naturellement cher à Dasaratha. Les autres princes n'étaient pas moins empressés de répondre aux désirs de leur père qu'ils honoraient et aimaient tendrement. Pour les princes d'Ayodhya, la parole du roi avait force de loi et ils mettaient leur joie à lui obéir en tout.

On les voyait souvent ensemble, au jeu, à la promenade, à la chasse. Mais Lakshmana se montrait particulièrement dévoué à Rama et Satrughna à Bharata. Le sombre Rama et le clair Lakshmana formaient un couple inséparable.

Quand les princes eurent atteint l'âge de seize ans, le roi Dasaratha pensa qu'il était temps de les marier. Il rassembla donc ses ministres pour leur demander conseil. Trouver des épouses dignes de Rama et de ses frères n'était pas chose facile, mais les ministres et les conseillers se mirent en devoir d'y parvenir.

Tandis qu'ils se concertaient, un héraut entra et annonça que le grand sage Viswamitra venait d'arriver et qu'il demandait audience au roi. Viswamitra était un *rajarishi*, c'est-à-dire un roi qui avait tout abandonné pour trouver la sagesse. On le considérait comme le plus grand de tous les sages, dépassant même en sagesse Vasishta lui-même, mais on le savait aussi capable de brusques accès de colère. Le roi Dasaratha l'accueillit donc avec une grande joie, nuancée d'une certaine réserve.

– O sage vénéré, lui dit le roi, que me vaut cet honneur et comment pourrais-je te remercier de la joie que me cause ta présence ici aujourd'hui ? Parle, je t'en prie, je ferai tout pour satisfaire ton désir.

Viswamitra, satisfait de l'accueil du roi, parla en ces termes :

– O noble roi ! Tu as dignement parlé. Tes paroles font honneur à la lignée des Ikshvakus à laquelle tu appartiens. Qui d'autre aurait pu m'offrir l'aide que je viens chercher avant même de l'avoir demandée ? Il est clair que le sage Vasishta est ton guru et je me sens déjà réconforté par ta promesse.

– Demande et tu seras exaucé, répéta Dasaratha, avec une légère appréhension de ce qui allait suivre.

– O grand roi ! Tu n'es pas sans savoir que les démons rakshasas, sous le commandement du terrible Ravana, dévastent le pays, semant la terreur dans le cœur de nos sujets. Certains ont même osé attaquer les paisibles *ashrams* des sages dans la forêt. Mes amis et moi-même sommes troublés dans l'accomplissement de nos rituels par leurs attaques continuelles. Il nous faut un guerrier capable de repousser ces démons. Donne l'ordre à ton fils Rama de m'accompagner dans la forêt afin de combattre et de détruire une telle engeance.

Cette requête inattendue laissa le roi interdit. Il tremblait intérieurement. Il ne pouvait ni opposer un refus à Viswamitra ni se résoudre à exposer son fils bien-aimé aux violences de ces démons.

– Grand sage, dit-il enfin, les rakshasas sont de dangereux et terribles guerriers. Ils se servent d'armes magiques et sont réputés invincibles. Comment un jeune garçon de seize ans pourrait-il leur résister, et encore moins les vaincre ? Prends-moi à sa place. Je suis vieux et expérimenté dans l'art de la guerre. Avec l'aide de mon armée, nous viendrons à bout de ces démons.

Si Dasaratha avait espéré satisfaire le sage par ces paroles, ce fut en vain. Le sourire de Viswamitra disparut et son visage s'assombrit dangereusement.

– O roi, un tel langage n'est pas digne de ta noble lignée. Tu as promis d'exaucer mes désirs et pourtant tu refuses de me confier Rama quand je te le demande. Quel est le sens d'une telle attitude ? Reviendrais-tu sur ta promesse ?

Le roi plaida l'innocence.

– O grand sage, me voilà prêt à te suivre en personne. Cela ne suffit-il pas pour remplir ma promesse ?

– Cela me suffit en effet ! s'exclama Viswamitra, au comble de la colère. Demeure en paix, ô roi, j'irai ailleurs demander l'aide que tu me refuses. Puisse le roi Dasaratha vivre heureux avec la pensée qu'il a refusé son aide après l'avoir accordée. Adieu !

Un frisson de terreur parcourut l'assemblée. La cour tout entière était pétrifiée par ces paroles. Une fois suscitée, la colère de Viswamitra pouvait être terrible. Alors Vasishta prononça ces paroles apaisantes :

– O roi, ai-je besoin de te rappeler la grandeur de Viswamitra ? Son nom est célèbre dans les trois mondes. C'est un homme qui peut obtenir tout ce qu'il désire, grâce à la force de sa dévotion et à l'éclat de sa glorieuse ferveur. Respecté pour ses prouesses guerrières, il possède en outre la connaissance d'innombrables armes secrètes. Vaincre ces démons ne serait pour lui qu'un jeu d'enfant. C'est donc en pensant au bien de Rama qu'il souhaite que celui-ci l'accompagne. Peut-être même souhaite-t-il lui montrer quelques-unes de ses armes secrètes ?

Ces paroles de sagesse obligèrent le roi à prendre conscience de la vraie grandeur de Viswamitra. Il comprit enfin qu'avec un tel protecteur Rama ne courrait aucun danger et qu'il avait laissé l'amour paternel obscurcir son jugement. Rasséréné, il fit mander son fils en sa présence.

Qui d'autre pouvait pénétrer dans la salle du conseil à la suite de Rama, sinon Lakshmana ! Telle une ombre, il suivait son frère. Les deux princes s'inclinèrent devant le roi et les sages. Puis ils se tinrent dans un silence respectueux, attendant ce que le roi avait à leur dire.

Le roi leur donna ordre de partir sur-le-champ avec Viswamitra et de lui obéir en tout, comme ils l'auraient fait avec lui. Les jeunes gens prirent congé. Impatients de connaître le monde, ils ne montraient aucune appréhension. Le roi, les reines et les nobles de la cour, en les voyant partir, leur donnèrent leurs tendres bénédictions.

Les voilà tous les trois dans la forêt profonde, le tout-puissant Viswamitra et les deux jeunes princes, destinés à lutter contre les démons. Comme ils marchaient fièrement, ces deux princes, leurs larges épaules rendues plus larges encore par le poids des arcs et des flèches ! L'attrait de l'aventure et l'espoir des batailles à venir luisaient sur leurs visages et ajoutaient à leur noble maintien un éclat quasi divin. Tout en marchant, Viswamitra leur parla des grands rois de leur dynastie qui les avaient précédés. Ce récit suscita l'enthousiasme des princes et augmenta leur désir de se couvrir de gloire à leur tour.

Comme Vasishta l'avait prédit, Viswamitra enseigna aux deux princes les nombreux secrets qu'il possédait dans l'art du tir à l'arc, de l'escrime et de la lutte. Il savait qu'ils auraient besoin de toute leur adresse pour triompher des ruses des démons. Un soir, le sage, satisfait de l'attention déployée par les princes, les bénit par ces paroles :

– Puissiez-vous remporter la victoire !

Le lendemain, les voyageurs entrèrent dans une forêt plus profonde encore. La sombre épaisseur du feuillage et les cris des animaux sauvages rendaient le lieu terrifiant. Les princes, pressentant un danger, demandèrent au sage le nom de la forêt.

– C'est la forêt de Tataka. Cette démone vit ici avec ses deux horribles fils. Il fut un temps où cette terre était riante et prospère mais ses pauvres habitants ont été harcelés par les cruels rakshasas qu'ils ont dû fuir, et une épaisse forêt a poussé alentour. On n'y voit plus guère que des bêtes sauvages. Tataka et ses fils mènent une guerre constante sur les terres avoisinantes et certains lieux de retraite. Rama, ce serait une bonne œuvre de nous en débarrasser.

– Mais comment pourrais-je tuer une femme ? demanda Rama avec hésitation.

– Ne te laisse pas attendrir. Ce n'est pas une femme ordinaire mais la plus cruelle des rakshasis. Le devoir d'un roi est de protéger ses sujets contre tout danger et Tataka est un véritable fléau, dit Viswamitra avec fermeté.

– Votre volonté est ma loi, puisque tel est le désir de mon père, répliqua Rama en s'inclinant avec respect.

En disant ces mots, il saisit son arc et se prépara à affronter Tataka.

Pour l'inciter à sortir de son antre, Rama tira une flèche en l'air ; le bruit et la fureur qu'elle déchaîna troublèrent tout ce qui vivait dans la forêt. Ainsi provoquée, Tataka se rua hors de sa tanière, se demandant quelle créature assez hardie osait l'attaquer sur son propre terrain. Quelle ne fut pas sa surprise en apercevant les deux jeunes princes – de simples jeunes gens – essayer leur vaillance contre sa force himalayenne ! Avec des contorsions dédaigneuses, elle se traîna vers eux. A l'affût, les jeunes princes guettaient son approche. Soudain, une pluie de pierres s'abattit sur eux ; levant alors les yeux, ils virent Tataka dans les airs qui fonçait sur eux, comme surgissant des nuages.

– Attention, la voici ! cria Viswamitra. La pluie de pierres est une de ses armes secrètes, mais je vous ai enseigné comment y remédier.

Rama tira une flèche de son carquois, mais à nouveau il hésita.

– Montre-toi sans pitié, l'exhorta Viswamitra. Rappelle-toi tous les innocents, hommes et femmes, qu'elle a dévorés et tous les arpents de terre qu'elle a dévastés !

Lentement, Rama commença à bander son arc.

– Hâte-toi, Rama, le pressa Viswamitra. Le soleil va bientôt se coucher et les rakshasas deviennent toujours plus forts pendant la nuit.

Alors Rama n'hésita plus. Il banda son arc au maximum de sa force et tira sa flèche qui, rapide, traversa le nuage de pierres et toucha son but. Avec un rugissement qui retentit jusque dans les cieux, Tataka tomba morte sur le sol.

Heureux et grandement soulagé, Viswamitra pressa le jeune prince contre sa poitrine en remerciant les dieux. Ils regagnèrent paisiblement l'ash-

ram où reprirent les rituels que l'on avait dû interrompre. Mais cette paix fut de courte durée. Bientôt, les deux fils de Tataka, assoiffés de vengeance, firent irruption au milieu d'eux. Au terme d'une lutte acharnée, Subhahu fut abattu ; et tandis que Maricha, son frère, cherchait à reprendre son souffle avant de repartir au combat, Rama, décidé à ne lui accorder aucun répit, lui décocha une flèche qui l'envoya tomber dans la mer, à des milliers de lieues de là. En proie à une indicible terreur, Maricha s'enfuit mais il ne devait oublier ni sa défaite ni son humiliation. On verra plus tard comment il chercha à prendre sa revanche.

La paix régnait à nouveau dans l'ashram des rishis. Les rituels purent s'achever heureusement. Rama et Lakshmana firent un long séjour dans la forêt, retraite du sage Viswamitra.

3
Le mariage de Rama et de Sita

Quelques semaines plus tard, certains des sages décidèrent de se rendre à Mithila, la capitale du royaume de Videha, où le roi Janaka offrait un grand sacrifice.

– Ce sera une belle cérémonie, dirent les sages. Le roi Janaka mérite d'être connu et, de plus, les princes pourront admirer le fameux arc de Shiva.

L'idée plut à Viswamitra et ils se mirent en route pour la capitale du roi Janaka.

Ce roi était pieux, aimé de ses sujets et honoré des dieux eux-mêmes pour sa bonté. En récompense de ses vertus, il avait reçu en don de notre mère la Terre une fille d'une divine beauté. En effet, comme il labourait le champ sacré destiné au sacrifice religieux, il avait aperçu, couché dans le sillon fraîchement tracé, le plus joli nouveau-né qu'il eût jamais vu. Transporté de joie, il l'avait ramené au palais et l'avait confié aux soins de la reine qui, à son tour, l'avait reçu avec tendresse. N'ayant pas d'enfant, les époux virent là un don du ciel ; ils l'appelèrent Sita, ce qui signifie « née du sillon », et l'élevèrent avec tout leur amour.

Sita était bien la plus belle princesse qu'on pût trouver à la ronde. Elle était aussi douce que gracieuse et le roi Janaka voulait la marier avec le prince le plus noble et le plus parfait qui fût au monde. Mais comme Sita grandissait, le roi devint songeur ; saurait-il trouver un prince digne en tous points d'une fleur aussi rare ? Alors il se souvint qu'il avait en sa possession le puissant arc de Shiva et il fit annoncer à travers le royaume que Sita prendrait pour époux le prince qui, le premier, pourrait manier le grand arc.

Des terres les plus lointaines, de nombreux princes se présentèrent pour tenter leur chance et se mesurer à l'arc magnifique. Hélas ! pas un seul ne réussit à le soulever, encore moins à le manier ! Le pauvre Janaka était profondément déçu : il était incapable de trouver un époux digne de Sita. De

plus, les autres souverains lui en voulaient de les soumettre à une telle épreuve et, comme ils ne pouvaient se résoudre à oublier Sita, la gracieuse demoiselle, ils le menaçaient de temps à autre d'entrer en guerre. Janaka avait presque perdu tout espoir, lorsque Viswamitra arriva à Mithila, accompagné des deux fils du roi Dasaratha.

A la vue du grand rishi, le roi quitta son trône royal pour se porter à sa rencontre.

– Sois le bienvenu, grand sage, lui dit-il. C'est une bénédiction pour moi que tu honores de ta présence mon humble sacrifice. Mais apprends-moi qui sont ces jeunes gens aux yeux brillants et au noble maintien.

Viswamitra répondit avec un sourire indulgent :

– Ce sont les fils du roi Dasaratha d'Ayodhya. Ils viennent pour voir le grand arc.

– Oh ! s'exclama le roi Janaka en jetant un regard hésitant aux jeunes garçons. Eh bien soit ! Qu'ils le voient ! Mais je dois les avertir que le soulever n'est pas tâche facile. De tous les princes qui désiraient la main de Sita et ont tenté l'épreuve, aucun n'a encore réussi. Je commence à douter qu'un seul au monde en soit capable. Un simple mortel peut-il soulever le grand arc de Shiva ? Peut-être était-ce pure folie de ma part de le croire.

Cependant le roi avait donné l'ordre de faire apporter l'arc magnifique. Chargée sur les épaules de plusieurs hommes, la boîte qui le contenait fut déposée au milieu de la salle.

Rama demanda s'il pouvait l'ouvrir. Le vieux rishi acquiesça d'un signe de tête en souriant. Les princes furent saisis d'admiration en découvrant le grand arc. Quelle arme merveilleuse !

– Puis-je le soulever ? demanda Rama d'une voix pleine de modestie.

– Certainement, répondit Janaka, tu peux essayer.

Soudain, l'air fut traversé d'un bruit formidable, assez formidable, dit-on, pour être entendu des régions célestes. La terre entière sembla vaciller sous le choc. Rama avait soulevé l'arc et l'avait brisé en deux en essayant de le bander. Cela était arrivé avec la rapidité de l'éclair. Les assistants n'avaient eu que le temps de voir Rama soulever l'arc, puis ils avaient entendu un grondement de tonnerre et voilà ! Le grand arc avait trouvé son maître !

En voyant Rama debout, les deux morceaux de l'arc à la main, des larmes de joie coulèrent sur les joues de Ianaka. C'était donc lui le héros tant attendu, qui avait gagné la main de sa chère Sita !

– Rama, dit-il enfin d'une voix tremblante d'émotion, Sita qui m'est plus chère que la vie t'appartient.

Toute la cour était en émoi. Chacun y commentait l'événement avec respect et admiration. La nouvelle se répandit rapidement à travers Mithila. Des groupes se formaient dans les rues, se répétant le miracle du grand arc et essayant d'apercevoir le visage du héros qui passait, au loin, pour se rendre à la demeure qui lui était réservée.

Des messagers chevauchèrent jour et nuit pour porter la nouvelle au roi Dasaratha. Au soir du troisième jour, ils aperçurent les toits de la cité des Ikshvakus. Quand Dasaratha apprit l'heureux événement, son cœur se gonfla d'une telle joie qu'il sentit que les dieux eux-mêmes ne pouvaient être plus heureux que lui, ce jour-là ! Rama, son cher Rama, avait gagné la main de la fameuse princesse Sita, et ce pour prix de sa vaillance guerrière !

Le roi Dasaratha se mit en route pour Mithila, accompagné d'une suite nombreuse : ses reines, ses fils, ses amis, les nobles et les conseillers du royaume. On transportait de riches présents, destinés à son cher et vieil ami, Janaka de Videha.

Le roi Janaka lui fit un accueil chaleureux. Puis le grand mariage eut lieu. Rama épousa Sita ; Lakshmana, Bharata et Satrughna prirent pour femme les cousines de Sita : Urmila, Mandavi et Sruthakirti.

Dans leurs vêtements de cérémonie, Rama et Sita formaient un couple divin. Sita, enveloppée d'une soie d'or pâle bordée de cygnes, sa sombre chevelure relevée, entremêlée de fleurs de jasmin, portait un regard de tendre adoration au héros à son côté. Quant à Rama, il se tenait auprès de son exquise fiancée avec une dignité royale. Seul l'éclat de ses yeux trahissait une tranquille félicité.

Alors, au milieu de cette digne assemblée composée de rois et de nobles, Janaka plaça la main de Sita dans celle de Rama et, tout en versant l'eau sacrée, il prononça ces paroles émues :

– Voici Sita, ma fille. Prends-la pour épouse. Elle te sera bonne, dévouée et fidèle, et te suivra comme une ombre sur le chemin du devoir. Puisses-tu ne jamais l'abandonner.

Une pluie de fleurs salua les époux. Les trompettes sonnèrent. Chacun félicita le couple.

Après la cérémonie du mariage, le sage Viswamitra prit congé des rois et des princes. Il retournait dans l'Himalaya pour reprendre ses méditations. A la pensée de se séparer de celui qui lui avait apporté bonheur et renommée, le regard de Rama s'assombrit. Il s'inclina en silence devant le respectable rishi.

Peu après, le roi Dasaratha partit à son tour avec sa famille pour Ayodhya. Le roi Janaka combla sa fille de présents.

– Rama, dit-il au prince comme ils se séparaient, prends grand soin d'elle. Je te confie mon plus cher trésor.

Quel bonheur éprouvait le roi Dasaratha, chevauchant sur le chemin du retour, entouré de tous ses fils ! Ils se trouvaient environ à mi-chemin d'Ayodhya, lorsqu'ils furent arrêtés par le sage Parasurama qui surgit tout à coup devant eux, en leur barrant la route. Il tenait dans sa main un arc gigantesque et son visage semblait menaçant.

– J'ai entendu dire que l'arc de Shiva a été pour toi une épreuve facile, mon cher Rama, dit-il d'un ton méprisant. Mais regarde celui-ci. C'est l'arc de Vishnu. Avance et prends-le si tu l'oses.

Ce disant, il brandit son arc au visage de Rama et ses yeux lancèrent des éclairs. Si grande était sa furie que des nuages sombres envahirent le ciel et que l'air alentour entra en ébullition. Les oiseaux se mirent à battre des ailes en signe de détresse et les chacals poussèrent des hurlements.

Parasurama n'avait pas plus tôt paru que le pauvre roi Dasaratha s'était senti défaillir. Il connaissait bien l'histoire de ce sage qui, pour venger la mort de son père, avait juré d'exterminer du pays tous les princes de sang royal. Son père avait été autrefois – il y a des années de cela – tué par un roi, et, depuis, Parasurama parcourait le monde à la recherche de têtes couronnées. Les collectionner était devenu pour lui un véritable jeu et il y parvenait aisément, ayant obtenu comme Viswamitra, par ses prières et son ascétisme, des pouvoirs qui faisaient de lui un guerrier et un archer accomplis. Il était donc tout naturel que Dasaratha crût son fils en grand danger.

Mais Rama se contenta de sourire. Le regard du rishi s'étant fait plus farouche, il lui prit l'arc des mains avec une grande aisance, y ajusta nonchalamment une flèche et demanda :

– Où dois-je envoyer cette flèche ? Vers ton cœur ? Tu le sais, une fois ajustée à l'arc, une flèche doit être tirée.

Le sage était resté interdit devant la facilité avec laquelle Rama avait manié son fameux arc de Vishnu. Pendant quelques minutes, il ne dit mot puis son masque tomba et il baissa la tête, honteux.

– Cher Rama, murmura-t-il, grandes sont tes actions mais plus grande encore est ta compassion. Je sais que devant toi je ne suis rien. Je t'en prie, dirige cette flèche vers l'Himalaya où je la suivrai aussitôt.

Docile, la flèche quitta le grand arc de Vishnu et prit sa course rapide vers les lointaines montagnes. Parasurama la suivit vers les sommets enneigés où il pourrait commencer une nouvelle période de méditation.

Le roi Dasaratha poussa un soupir de soulagement. Une fois encore, un miracle avait sauvé son fils bien-aimé.

De retour à Ayodhya, Rama vécut heureux, l'aimable Sita à ses côtés. « Leur amour était si fort

que point n'était besoin de mots entre eux. Leurs cœurs seuls se parlaient », dit le poète Valmiki.

Rama entourait Sita d'une tendre protection. Il veillait sur elle avec les mêmes soins que Janaka lui aurait accordés. Dans la douceur d'une telle étreinte, Sita resplendissait. Sa beauté s'épanouissait de jour en jour. Elle ressemblait à la fleur de lotus qui, à l'aube, offre ses corolles à l'astre rayonnant.

Le peuple d'Ayodhya aimait son prince Rama. Il ne pouvait s'en séparer un seul instant et le prince le lui rendait bien. Il partageait ses joies et ses peines. Toujours soucieux de son bien-être, toujours prêt à le secourir si l'occasion s'en présentait. Rama avait sûrement gagné le cœur de Sita ; il s'était acquis, non moins sûrement, l'estime et l'amour de tout un peuple.

4
La trahison

Lorsque le roi Dasaratha vit que Rama avait gagné le cœur de son peuple, il prit la décision de lui abandonner les rênes du royaume et de se retirer dans la forêt pour y passer le reste de ses jours. Il était, en effet, de coutume dans la famille royale de faire retraite après avoir couronné le fils aîné. Et qui mieux que Rama aurait pu mériter la couronne royale ?

Dasaratha aimait tous ses fils. Pourtant Rama lui était le plus cher. Courageux, fort et vaillant, il était toujours prêt à combattre ses ennemis comme à prendre la défense de l'innocent. Son langage était modeste, ses manières douces et affables. Rama connaissait les devoirs d'un roi et il gouvernerait avec sagesse. Il avait de l'amour pour son père et du respect pour les conseillers. Sous son tendre regard, le visage de Kausalya s'éclairait. Qui ne serait heureux de l'avoir pour roi ?

Impatient de réaliser son désir, Dasaratha réunit un grand conseil composé des sages et des nobles du royaume, ainsi que des soldats et du petit peuple des artisans et commerçants. Chacun d'eux y avait une place assignée. Lorsqu'ils furent tous assis, le roi se leva et leur parla en ces termes :

– Chers amis, vous connaissez tous notre coutume royale qui autorise le roi à se retirer après avoir légué le trône à son successeur. J'atteins moi-même un âge qui ne me permet plus de supporter les charges du royaume. Je souhaite terminer mes jours dans le silence et la méditation. Je propose donc que Rama, mon fils aîné, soit votre roi. Il est jeune mais expérimenté et digne en tous points d'être votre souverain.

Une ovation générale accueillit le discours du roi. L'assemblée entière s'était levée pour acclamer la proposition. De nombreux nobles prirent la parole pour faire l'éloge de Rama et le petit peuple avait peine à contenir sa joie. Nul doute que ce choix était le meilleur !

Quand Dasaratha avertit Rama de la décision de l'assemblée, celui-ci inclina simplement la tête en signe d'assentiment.

– Il en sera fait selon ta volonté, père, dit-il, comme si le fait d'être roi lui était personnellement indifférent.

Alors Dasaratha fit venir ses ministres et leur demanda de préparer le couronnement de Rama qui aurait lieu le lendemain. Cela les surprit un peu car ils pensaient que le roi attendrait pour la cérémonie le retour de Bharata, parti rendre visite à son oncle. Cependant, ils ne dirent rien et s'empressèrent de faire respecter les ordres donnés. Ce fut Vasishta lui-même qui veilla à tous les préparatifs.

Au palais, à l'annonce de cette nouvelle, Kausalya, Sita et Lakshmana se réjouirent. La reine Kausalya pria les dieux pour le bonheur de son fils. Quant à Rama et Sita, ils jeûnèrent et passèrent la nuit en prières. La coutume voulait en effet que le prince se préparât ainsi à l'accomplissement de ses futurs devoirs.

La reine Kaikeyi se trouvait dans ses appartements quand sa servante Manthara lui porta la nouvelle. La reine ne l'eût pas plus tôt entendue qu'elle bondit de la couche où elle reposait, le visage rayonnant.

– Que dis-tu ? Mon Rama va être couronné ? Quelle merveilleuse nouvelle m'apportes-tu, Manthara ! Tiens, prends ce collier, tu l'as bien mérité !

Tout en disant ces mots, elle faisait miroiter les perles devant la servante. Manthara saisit le collier d'un air maussade et le jeta par terre.

Kaikeyi, surprise d'une telle conduite, lui en demanda la raison.

– C'est vous qui me le demandez, ô reine, répondit la servante. Ne voyez-vous donc le sort qui vous attend ? Rama, une fois couronné, quelle sera votre place ici, à vous et à votre fils ? Pensez-vous que Kausalya vous traitera avec le même respect qu'auparavant ? Êtes-vous sûre qu'elle ne se rappellera pas vos insultes passées ? Ma pauvre reine, vous êtes perdue et vous ne le voyez même pas ! Ne pouvez-vous imaginer le sort qui vous est réservé ?

– Manthara, tu as perdu l'esprit. Comment peux-tu avoir de telles pensées ? Mon Rama est le plus noble des hommes. Comment oses-tu l'insulter ainsi ? s'écria Kaikeyi.

– Hélas ! nos jours heureux sont bien finis ! Vous serez l'esclave de Kausalya, et Bharata, un simple serviteur dans le palais. Et moi... Oh ! dire que j'ai vécu pour voir ma reine, la grande reine Kaikeyi...

Manthara ne put achever sa phrase et éclata en sanglots. Kaikeyi la consola :

– Jamais Rama ne permettra d'injustice. Nous vivrons heureuses près de lui. Ne sais-tu qui est Rama ? C'est le plus courageux, le plus juste, le plus pur de tous les êtres. Dasaratha l'a justement choisi pour être son successeur. En outre, il est le fils aîné du roi.

– Alors, pourquoi cette hâte ? reprit Manthara. Pourquoi Rama doit-il être couronné demain ? Pourquoi ne pas attendre le retour de Bharata ? Je vous le dis, il y a de la trahison dans l'air. Le roi doit avoir ses plans. Il a projeté de faire couronner Rama en l'absence de Bharata. Ne voyez-vous pas que le roi essaie de vous abuser ?

Kaikeyi sursauta. Une ombre passa sur son visage. Pour la première fois, elle doutait. La perfide Manthara s'en aperçut et se réjouit intérieurement : sa maîtresse faiblissait ! Elle reprit sa litanie de soupçons :

– Le pauvre garçon ! Quand je pense au sort de Bharata, les larmes me coupent la parole. Quel misérable destin pour le fils de la reine Kaikeyi !

Comme les insinuations de la servante pénétraient peu à peu l'esprit de la reine, son visage s'assombrit encore. « Se pouvait-il que Manthara dise vrai ? Le roi l'avait-il abusée dès le début ? Avait-il réellement projeté de la priver de ses privilèges ? Pour quelle raison célébrait-il avec tant de hâte le couronnement de Rama ? Pourquoi n'attendait-il pas le retour de Bharata ? Et, même si cela était, comment pouvait-elle douter de Rama qui était l'incarnation même de l'honneur ? »

– Manthara, reprit la reine d'une voix forte, en se tournant vers la servante, oublies-tu que je suis la reine favorite du roi Dasaratha ?

– Non, je ne l'oublie pas, répondit Manthara en

secouant la tête. Et c'est pourquoi je suis surprise du tour que prennent les événements. O reine, je crains que vous ne soyez plus la favorite. Kausalya, la mère de Rama, sera bientôt la favorite du roi.

A cette pensée, Kaikeyi sentit la colère monter en elle. Était-il possible qu'elle fût éclipsée par sa plus amère rivale, Kausalya ? Elle essaya de se rassurer.

– Non, Manthara, tu te trompes. Rama m'aime autant que sa propre mère. Il empêchera quiconque de me faire du mal.

– Le fera-t-il vraiment ? reprit la servante. Êtes-vous sûre que le pouvoir ne lui montera pas à la tête ? Pensez-vous qu'il se souviendra de vous et de votre fils quand il sera roi ?

Lentement, comme des nuages envahissant le ciel et voilant peu à peu la clarté du soleil, une peur trouble s'infiltra dans l'esprit de Kaikeyi ; elle imagina bientôt les graves dangers qui l'attendaient après le couronnement de Rama. Manthara ne cessait d'alimenter ces doutes qui grossissaient, se précisaient. Et la reine en oublia la générosité naturelle de Rama – jamais celui-ci n'aurait accepté qu'elle devînt malheureuse. La peur tuait en elle tout autre sentiment. Peu à peu, elle en vint à penser que, pour son bonheur et celui de Bharata, Rama ne devait pas monter sur le trône.

Dès que l'idée eut pénétré son esprit, elle décida de la mettre à exécution. Pourquoi ne pas exiger du roi les deux vœux qu'il lui avait octroyés, des années auparavant ? C'était étrange de voir avec quelle facilité Kaikeyi oubliait son amour pour Rama. Au moment où le roi arriva, elle était toute prête à passer à l'attaque.

Ignorant ce qui l'attendait, le roi Dasaratha venait ce matin-là saluer sa reine favorite. D'humeur joyeuse, il était impatient de lui communiquer les heureuses nouvelles. Mais il trouva la reine en larmes !

– Que se passe-t-il, ma bien-aimée ? demanda-t-il d'une voix pleine de sollicitude. Êtes-vous malade ? Quelqu'un vous aurait-il blessée par ses paroles ?

Devant le silence de la reine, l'anxiété du roi augmenta.

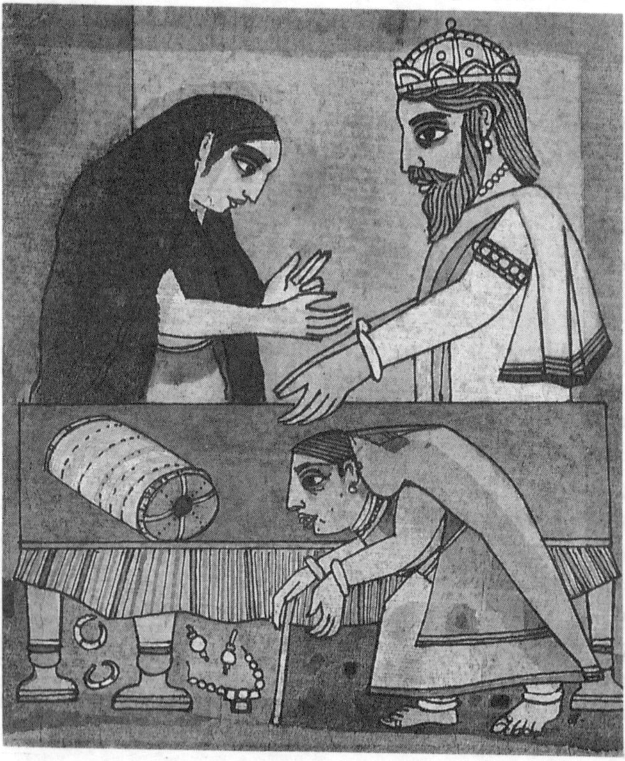

– Dis-moi pourquoi tu pleures. Qui a osé t'insulter ? Que désires-tu ? Quel qu'il soit, ton désir sera comblé. Ne sais-tu que je suis tout-puissant ?

Ainsi continuait à babiller le gentil roi innocent. Et, tout en parlant de la sorte, il tomba dans le piège.

– Kaikeyi, je t'en fais le serment : tu auras ce que tu demanderas. Mais je t'en prie, sèche tes larmes. Allons, laisse-moi voir ce joli visage ! dit le roi en essayant de lui relever le menton.

Alors Kaikeyi s'enhardit.

– Feras-tu vraiment tout ce que je désire ? demanda-t-elle.

– En doutes-tu ? répondit le roi. Pourquoi même me le demander ? Je t'en fais la promesse solennelle, au nom de mon bien-aimé Rama, je te donnerai tout ce que tu exigeras de moi. Mais arrête ces larmes ; je ne peux les supporter davantage.

Tout en parlant, le roi avait pris les mains de son épouse. Alors la reine dit avec beaucoup d'adresse :

– Te rappelles-tu les deux vœux que tu m'as offerts, jadis ? Les exaucerais-tu à présent ?

– Pourquoi ? Mais certainement, répondit le roi sans méfiance.

– Dans ce cas, voilà ce que je désire. Que Bharata reçoive la couronne royale et que Rama soit exilé du royaume dans la forêt, pour une période de quatorze années, déclara la reine d'une voix claire, sans l'ombre d'une hésitation.

Le roi ne pouvait en croire ses oreilles. Il restait interdit devant les exigences impossibles que venait d'exprimer Kaikeyi. Avait-il bien entendu ? Était-il éveillé ou rêvait-il ? Et n'allait-il pas bientôt sortir de ce mauvais rêve ? Était-ce sa chère Kaikeyi qui lui faisait de telles demandes ? Ne savait-elle pas qu'il ne pouvait vivre sans Rama ? Non. Elle avait dû plaisanter. Elle allait lui dire dans un instant que tout cela était un jeu.

Il leva les yeux vers elle, et un seul regard le convainquit qu'elle avait parlé sérieusement. Il avait donné sa promesse et elle allait l'obliger à la tenir. Il accepta le fait comme un coup mortel. Le roi Dasaratha d'Ayodhya, ce fameux héros qui avait même aidé les dieux une fois, se sentit défaillir. Quand il recouvra ses esprits, il lui déclara d'une voix où perçait un mépris rageur :

– As-tu perdu la raison, Kaikeyi, pour exiger de moi de telles choses ? Ne sais-tu que je vis pour Rama ? Veux-tu me tuer ? Et surtout crois-tu que mon noble Bharata, qui a tant d'amour pour Rama, acceptera la couronne à sa place ?

Kaikeyi se contenta de rire.

– Roi, je sais seulement que tu m'as fait une promesse. Veux-tu la rompre ?

– Mais, Kaikeyi, tu m'as dit si souvent que tu aimais Rama autant que Bharata. Comment as-tu pu changer si soudainement ?

– Je sais seulement cela... que Bharata doit être couronné et Rama exilé, répéta la reine d'un ton ferme en serrant les lèvres.

Il était surprenant de voir combien son cœur s'était endurci. Le roi pleura, sanglota, il la supplia, mais Kaikeyi resta de glace. Où était la tendre, la douce Kaikeyi de naguère ? Le roi ne comprenait pas. Comment une seule mauvaise pensée avait pu la changer à ce point ? Elle avait maintenant attiré le désastre sur toute la lignée des Ikshvakus.

– Kaikeyi, comment peux-tu agir ainsi avec Rama ? poursuivit le vieux monarque, essayant de l'apitoyer une fois encore. Quel mal t'a-t-il fait ? Il t'a toujours aimée et servie comme une mère. Pourquoi le renvoyer ? Je t'en conjure à genoux, laisse Rama demeurer ici. Bharata aura le royaume puisque tu le désires, mais ne renvoie pas Rama. Je mourrai si je ne puis le voir. Aie pitié, Kaikeyi, accorde-moi cette seule prière.

Kaikeyi restait murée dans son silence. La peur avait rendu son cœur de marbre et la vue de son pitoyable époux ne pouvait plus l'atteindre. Elle sentait que si Rama restait, c'était elle qui aurait à souffrir. Il devait partir, coûte que coûte.

Voyant son attitude, le vieil homme défaillit à nouveau. Il pleurait, se lamentait. Il avait fait une promesse et l'honneur du clan voulait que l'on mourût plutôt que de rompre la parole donnée.

Ce fut Kaikeyi qui envoya chercher Rama, car le roi, plongé dans son chagrin, était incapable d'un mouvement. Avant l'arrivée de Rama, le roi supplia une dernière fois Kaikeyi de revenir sur sa décision.

– Je t'ai donné mon royaume, Kaikeyi. Dans ta générosité de cœur, imagine que tu le remettes à Rama. Ce sera un noble geste. Le monde te louera pour m'avoir aidé à garder ma promesse et, dans le même temps, tu te montreras loyale. Oui, c'est cela. Fais-le, ma chère reine ! s'écria-t-il.

Mais rien ne pouvait plus atteindre Kaikeyi. A la vue de son visage de glace, le roi perdit courage et défaillit pour la troisième fois.

Quand Rama arriva, le roi était secoué de sanglots et il ne pouvait rien dire sinon répéter son nom : « Rama, Rama... » Devant le chagrin du roi et l'attitude distante de la reine, Rama fut atterré. Avait-il dit ou fait quelque chose qui leur causât cette peine ? Pourquoi étaient-ils dans cet état ? Rama s'inclina devant Kaikeyi et demanda :

– Pourquoi père est-il ainsi ? Qu'est-il arrivé ? Pourquoi ne me regarde-t-il pas ? Ai-je fait quelque chose de mal ? Quelqu'un a-t-il osé lui déplaire ? Est-il malade ? Je suis ici prêt à lui obéir.

Ces nobles paroles firent pousser à Dasaratha de profonds soupirs. Mais, comme il ne pouvait prononcer un mot, Kaikeyi répondit à sa place.

– Ton père est malheureux. Il m'a fait naguère deux promesses, mais il se révèle maintenant incapable de s'y soumettre. Rama, tu dois l'aider à tenir sa parole.

– Certainement, mère. Dis-moi ce que je dois faire et j'obéirai.

– Ton père a promis le trône à Bharata et il a accepté de t'envoyer en exil dans la forêt pour une période de quatorze années. Mais il a peur maintenant de t'en informer. Il veut retirer sa promesse. Comprends-tu ce que cela signifie ? Le roi d'Ayodhya, rompre sa parole !

– Père ne doit pas se lamenter, répliqua Rama. Je partirai. Est-ce là tout ce qu'il veut de moi ? Pourquoi ne me l'a-t-il pas dit lui-même ? Je suis heureux que Bharata soit couronné. Je partirai dans la forêt, comme père le désire, le cœur joyeux.

Ce fut au tour de Kaikeyi d'être surprise. Bien qu'elle sût qui était Rama, elle ne se doutait pas qu'il pousserait si loin le sacrifice de lui-même.

– Je t'admire vraiment, Rama, dit-elle. Ta renommée vivra éternellement dans le cœur et l'esprit des hommes. Retire-toi maintenant et tiens-toi prêt pour l'exil.

– Est-ce que père se demande encore si je partirai ? demanda Rama.

Dasaratha n'avait rien perdu de la scène qui venait de se dérouler entre Rama et la reine, mais il lui était impossible de faire un mouvement ou d'articuler une parole. Seules ses lèvres continuaient à murmurer le nom de Rama.

– Le roi est fatigué et incapable de parler, dit Kaikeyi. Va, Rama, et prépare-toi.

Rama jeta un dernier regard plein de tendresse à son père.

– Père, sois en paix. Je t'aiderai à tenir ta promesse.

Et, sur ces mots, il prit congé. Rama portait la tête haute.

« Telle était sa force de caractère que, promesse de couronne ou menace d'exil, il recevait tout avec le même calme. Dans ces deux occasions, son visage montrait le même sourire doux et paisible », dit le poète Valmiki.

5
Les adieux

Rama quitta la triste atmosphère de la chambre du roi et se retrouva dans les rues de la cité, emplies d'une foule qui donnait libre cours à sa joie. Rama allait être couronné, quel merveilleux événement ! Les femmes et les enfants portaient leurs plus beaux vêtements. Les bannières claquaient au vent. Dans les rues parsemées de fleurs, on respirait le parfum du santal et de l'eau de rose. Chaque maison avait un air de fête.

Comme il se frayait un chemin à travers la foule, Rama vit tous ces préparatifs ; pourtant, pas un de ses gestes ne trahit ce qui venait d'arriver. Il marchait d'un pas égal, assuré. Tel n'était pas le cas de Lakshmana qui le suivait, portant sur son visage toutes les marques d'une vive colère. Sa main était posée sur son arc et son regard sombre laissait présager une explosion imminente.

Kausalya se préparait pour la cérémonie du couronnement, lorsque Rama vint la trouver pour lui annoncer le changement qui venait d'avoir lieu. Sous la violence du choc, elle s'effondra. Devant son chagrin, Lakshmana ne put se contenir davantage.

– Pauvre fou ! s'exclama-t-il, oubliant qu'il parlait de son père. Pauvre idiot ! A-t-il perdu la raison pour renvoyer ainsi Rama ? Quel crime a-t-il commis pour mériter cette punition ? Le vieillard est gâteux et comme une motte d'argile entre les mains de Kaikeyi. Il doit être ramené dans son bon sens. Je n'aime pas sa soumission, Rama ; je ne la tolérerai pas. Il y a des limites ! Donne-m'en l'ordre et je défie l'armée entière de Dasaratha en combat singulier. Tu seras couronné roi de Kosala.

Rama leva la main pour arrêter le flot de paroles de Lakshmana. Son emportement le fit sourire.

– Frère bien-aimé, lui dit-il, dépose ton arc. Je sais bien que tu pourrais conquérir pour moi des centaines de royaumes. Mais il m'est impossible d'aller contre la volonté de père. Il a promis la couronne à Kaikeyi et il faut qu'il en soit ainsi. Veux-tu que je rompe ma promesse ? J'ai promis à Kaikeyi de m'exiler.

Mais Lakshmana ne supportait pas la pensée de Rama exilé. Il lui semblait que Rama s'était montré faible en cédant à Kaikeyi. Il discuta longtemps mais son frère tint bon. Enfin, Rama lui dit :

– Lakshmana, je dois être fidèle à la parole donnée. Je t'en prie, ne t'y oppose pas davantage.

A ces mots, des larmes montèrent aux yeux de Lakshmana :

– Rama, si tu dois partir, emmène-moi avec toi, car je ne pourrai vivre sans toi.

Comment Rama pouvait-il opposer un refus à Lakshmana qui lui était plus cher que la vie ?

– Emmène-moi aussi ! s'écria la reine Kausalya, à qui le désespoir avait presque enlevé la raison.

Rama la consola le plus tendrement qu'il pût.

– Mère, lui dit-il, tu dois rester pour prendre soin de père. Il a plus que jamais besoin de ta présence, il est vieux et ne pourra supporter cette séparation.

La reine le laissa partir à regret. Son cœur maternel se serrait à la pensée de l'exil.

Rama prit congé de sa mère et se dirigea vers les appartements de Sita. Comment allait-il lui apprendre la nouvelle ? Et quelle serait sa réaction ? Accepterait-elle de ne pas le suivre ? Quelle vie solitaire serait la sienne ! Le cœur lourd, il pénétra dans la chambre. Un seul regard suffit à Sita pour comprendre que quelque chose s'était passé.

– Qu'est-il arrivé, mon cher seigneur ? Pourquoi es-tu si grave ? demanda-t-elle.

Rama lui en fit le récit et conclut en ces termes :

– Chère Sita, prends soin de toi et ne sois pas triste quand je serai parti. Bharata, qui m'aime et qui sait combien je t'aime, veillera sur toi avec l'affection d'un frère. Réjouis-toi de l'avoir pour roi. En mon absence, ma mère sera très malheureuse, fais de ton mieux pour la consoler.

A ces mots, la douce princesse se mit à trembler comme une feuille et ses yeux s'emplirent de larmes.

– Hélas ! mon Rama voudrait-il laisser derrière lui sa chère Sita ? dit-elle sur un ton de reproche. L'a-t-il déjà chassée de son cœur ?

– Ma bien-aimée, c'est justement parce qu'il y tient beaucoup qu'il veut lui épargner les ennuis de l'exil. O Sita, as-tu la moindre idée de ce qu'est la vie dans la forêt ? As-tu pensé aux nuits sombres, aux bêtes sauvages, aux chemins étroits troués d'ornières ? Comment une princesse aussi délicate, et habituée aux couches les plus moelleuses, pourrait-elle s'accommoder du sol rugueux et nu ? Sita, il faut rester. Je te promets de revenir dès que les quatorze années seront écoulées.

– Des bêtes sauvages ! Des nuits sombres ! Des

chemins étroits ! éclata Sita en relevant fièrement la tête. Crois-tu, mon cher Rama, qu'ils me feront peur si je suis à tes côtés ? Pourquoi devrais-je les craindre si tu es près de moi ? Quant à la vie austère des forêts, elle ne me rebute pas. Mon devoir n'est-il pas de te suivre ? Je t'en prie, ô Rama, ne refuse pas. Je ne pourrais vivre séparée de toi.

Qui aurait pu résister au tendre plaidoyer de Sita ? Sûrement pas Rama. Il sourit avec tendresse et, la serrant contre lui, il lui dit :

– Moi non plus, je ne pourrais vivre en te laissant derrière moi, chère Sita, et je disais cela seulement parce que j'ai craint, un moment, que cette épreuve ne dépasse tes forces. Eh bien, préparons-nous maintenant pour ce long voyage.

Le visage de Sita resplendissait de joie. Le cœur léger, elle se prépara à partir. Elle partagea tout ce qu'elle possédait entre ses servantes et changea sa robe de princesse pour un vêtement plus simple.

Pendant ce temps, Lakshmana était allé faire ses adieux à sa mère, Sumitra. S'efforçant de contenir son émotion, elle adressa à son fils ces paroles de sagesse :

– Va, mon fils, et que le sort te soit favorable. Tu es bienheureux de pouvoir suivre Rama. Considère Sita comme ta mère, aime Rama comme ton père et la forêt te semblera un lieu aussi délicieux que ta propre maison à Ayodhya. Sois heureux, cher enfant, et que les dieux te bénissent.

Ce discours chaleureux fut d'un grand réconfort pour Lakshmana.

La nouvelle que Rama allait partir en exil se répandit bientôt dans toute la ville comme une traînée de poudre. Sous la violence du choc, la cité sortit de son état de liesse et prit un air de deuil. Fini les réjouissances, les rires, les sonneries de trompette. Des femmes, des enfants et même des hommes éclatèrent en sanglots en apprenant la nouvelle. Quelle fin inattendue à ce qu'ils avaient espéré être le plus beau jour de leur vie ! Debout dans les rues, par petits groupes, ils ne cessaient de commenter l'événement, tristement. Certains blâmaient Kaikeyi, d'autres accusaient le vieux roi. Les bannières pendaient d'un air désolé et dans les rues flottait une atmosphère d'abandon. Les arbres eux-mêmes se penchaient vers le sol et le chant des oiseaux s'était tu.

A l'intérieur du palais, dans ses sombres appartements, le roi Dasaratha gisait sur sa couche et se lamentait. A travers ses lamentations, un mot seul revenait, plus distinct, « Rama ! Rama ! » Enfermée dans son propre palais, la reine Kausalya, elle aussi, se livrait à la douleur. Seule Kaikeyi surveillait sans perdre de temps les préparatifs de l'exil.

Rama, Sita et Lakshmana étaient prêts à partir. Ils avaient revêtu des habits d'écorce d'arbre, semblables à ceux que portent les sages dans la forêt. Lakshmana s'était chargé des quelques objets nécessaires à leur vie dans la forêt : des pelles, des marteaux. Les deux frères portaient leur arc et leurs flèches, leurs armures et différentes sortes d'armes.

Du haut des toits et des terrasses de la ville, le peuple les regardait marcher vers le palais de Dasaratha où ils allaient rendre au roi un dernier adieu.

– Regardez-les, entendait-on crier. Quelle fière allure et quel noble regard que celui de Rama ! Pas une larme, pas un reproche... On dirait qu'il marche droit vers son trône ! Le roi a-t-il perdu la raison pour renvoyer un tel fils ? Quel sera notre sort quand il sera parti ? Qui nous protégera contre la perfide Kaikeyi ? Venez, accompagnons-le... Suivons-le... !

Et un cri général s'éleva de la foule d'Ayodhya qui bientôt envahit les rues, à la suite de Rama.

Rama entra dans le palais de Dasaratha. En voyant son fils, le roi voulut se lever mais il était incapable de bouger. Il aurait voulu se jeter vers Rama, le serrer dans ses bras et le garder pour toujours contre sa poitrine. Mais, hélas, il ne put même pas articuler une parole. Sa langue refusa d'émettre un son. Seul son regard parla et des larmes coulèrent sur ses joues.

– Père, je viens prendre congé, dit Rama.

– Fils, murmura Dasaratha, me voici impuissant, lié par ma promesse. Mais toi, tu es libre, tu es fort et tu es aimé de tous. Dépossède-moi et prends le royaume par la force.

Rama secoua tristement la tête.

– Père, dit-il, toi-même peux régner encore de longues années. Règne et envoie chercher Bharata pour qu'il t'aide dans cette tâche.

Cette ferme réplique fit perdre au roi tout espoir de retenir son fils. Il savait maintenant que Rama allait partir.

– Tout cela n'est pas mon œuvre, tu dois me croire, murmura-t-il encore d'un ton plaintif.

– Père, dit Rama, ne te tourmente pas et sois sans inquiétude. Je pense que nous allons nous plaire dans la forêt. Sita elle-même se montre impatiente de connaître cette nouvelle vie.

Le vieux monarque se tourna vers son ministre, Sumantra, qui se tenait à proximité.

– Veille, lui dit-il, à ce qu'une division de l'armée accompagne Rama et Sita et les protège durant l'exil.

A ces mots, Kaikeyi se dressa, en furie :

– Comment ! s'écria-t-elle d'un ton plein de rage, tu oses dépouiller mon fils de l'armée royale ?

Rama interrompit l'entretien en prenant congé sur-le-champ. Le roi, ne pouvant supporter de le voir partir, lui cria de revenir, mais Rama ne se retourna pas. D'un pas ferme, il poursuivit sa route et sortit du palais. Sita et Lakshmana le suivirent.

– Sumantra, accompagne-les au moins dans mon char jusqu'à la lisière de la forêt, supplia le roi.

Sumantra se hâta à la suite de Rama.

Rama, Sita et Lakshmana s'assirent dans le char royal. Sumantra saisit les rênes. Mais le peuple d'Ayodhya entoura le char et l'empêcha d'avancer.

Cependant Rama donna l'ordre du départ et le char commença à se frayer un passage dans la foule dense. On n'entendait que lamentations de tous côtés. Dasaratha perçut le tumulte de la rue, il se précipita hors du palais en appelant :

– Rama, Rama, encore un instant !...

Mais le char avait disparu. Et, comme il s'éloignait là-bas, dans un nuage de poussière, Dasaratha, le roi des rois, tomba sans connaissance sur le sol. Ses reines, Kausalya et Kaikeyi, ensemble, vinrent le secourir.

Reconnaissant la main de Kaikeyi, le roi ouvrit les yeux et, bien que faible, il s'écria :

– Hors de ma vue, Kaikeyi, ne me touche pas ! Je ne veux plus te voir... Entends-tu ? Plus jamais. Kausalya, prends-moi dans ton palais.

Tels furent les derniers mots du roi à Kaikeyi.

Trois jours et trois nuits durant, le roi reposa dans le palais de Kausalya et il se lamenta. Kausalya tenta de le consoler mais souvent sa propre douleur l'emportait et elle reprocha au roi sa faiblesse ; elle le regrettait aussitôt et lui demandait de lui pardonner. Elle savait que le roi avait été trompé et abusé en donnant sa parole à Kaikeyi et qu'ensuite il avait dû tenir sa promesse coûte que coûte. Trois longues nuits sans sommeil, le roi demeura ainsi. Au matin du quatrième jour, Sumantra rentra au palais.

– Rama est-il avec toi ? demande le roi avec un sursaut d'espoir.

Mais, en voyant le visage du ministre, il sut tout de suite que son fils n'était pas revenu. Contre toute attente, il ajouta :

– Va-t-il bientôt revenir ?

Sumantra baissa simplement la tête et Dasaratha comprit.

– Ah ! mon Rama ! Ma chère Sita ! Pauvre Lakshmana ! dit-il encore.

Cette nuit-là, le cœur brisé, le roi Dasaratha rendit l'âme.

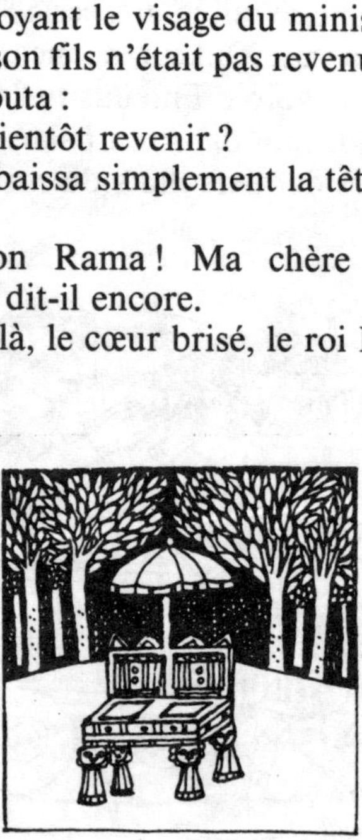

6
L'exil

Le char de Sumantra pouvait à peine avancer. Les citoyens d'Ayodhya l'entouraient de tous côtés, essayant d'attirer l'attention de son cocher par toutes sortes de prières.

– S'il te plaît, Sumantra, aies pitié ! N'emmène pas notre gentil prince, disaient-ils.

Mais Sumantra ne s'arrêtait pas. Il obéissait aux ordres de Rama. Comme le char avait pris un peu de vitesse, Rama vit, en se retournant, que les gens d'Ayodhya le suivaient encore en grand nombre. Il fit alors arrêter le char et leur parla en ces termes :

– Doux amis, leur dit-il, je suis témoin de votre affection et j'en suis touché, mais vous ne devez pas me suivre. Rentrez à Ayodhya et acceptez Bharata pour votre nouveau roi. Il est bon, noble et courageux. Je sais qu'il vous protégera et prendra soin de vous comme je l'aurais fait moi-même. Retournez, je vous en prie...

Mais le gentil peuple refusa. Ils se tenaient là, tous, le visage brouillé de larmes, incapables de se séparer de leur prince bien-aimé. Ils voulaient l'accompagner dans la forêt, marcher à ses côtés dans la jungle épaisse. Comme les ombres du crépuscule descendaient, on atteignit les bords de la rivière Tamasa et Rama décida d'y passer la nuit. On débrida les chevaux et on les laissa paître. Chacun étira ses membres las et s'étendit sur les berges pour prendre un repos mérité. Lakshmana confectionna un lit douillet d'herbes où Rama et Sita pourraient reposer.

A l'aube, Rama réveilla Sumantra et lui demanda d'atteler les chevaux.

– Partons avant que ces gens ne s'éveillent, lui dit-il. Regarde-les. Comme j'ai pitié d'eux ! Ils dorment profondément après leur course d'hier. Ils ont fait tout ce chemin dans l'espoir de me persuader de rentrer à Ayodhya. Je ne peux supporter de les décevoir davantage. Partons donc pendant leur sommeil.

Comme le char s'ébranlait, Rama ordonna à Sumantra de lui faire traverser la rivière dans les deux sens et à plusieurs reprises, et de le conduire un moment dans la direction d'Ayodhya, avant de lui faire prendre la route de la forêt. Par ce manège, il espérait faire croire aux citoyens d'Ayodhya qu'il avait regagné leur ville où il souhaitait les voir eux-mêmes retourner au plus tôt.

Et en effet, lorsque ceux-ci s'éveillèrent, ne trouvant plus les princes, ils se mirent à leur recherche ; il leur fut aisé de découvrir les empreintes des chevaux dans la direction de leur capitale. Pensant que Rama y était rentré, ils s'empressèrent de le suivre. Hélas, quand ils arrivèrent à Ayodhya, ils trouvèrent la cité privée non seulement de son prince mais également de Dasaratha, le roi des rois.

Pendant ce temps, le char de Sumantra avait conduit les princes sur les bords de la Ganga. Dans le voisinage vivait un roi-chasseur nommé Guha, qui gouvernait cette partie du pays. C'était un ami du roi Dasaratha. Il fit un accueil chaleureux aux princes mais il s'étonna de les voir vêtus d'écorce, à la façon des rishis. Rama lui fit le récit des événements précédents.

– O Rama, le supplia Guha, accepte mon hospitalité ! Mon royaume, mes biens, ma vie, tout est à toi. Tu peux en disposer à ta guise. Accepte, je t'en prie !

Rama fut touché par son geste.

– Je sais combien ton amitié est sincère, dit-il, mais je ne puis rester. J'ai promis à Kaikeyi de m'exiler et de mener la vie d'un ermite. Si cela est possible, je voudrais un bateau pour traverser la rivière demain, à l'aube.

Guha se contenta de hocher tristement la tête. Cette nuit-là, Rama et Sita reposèrent sous un arbre tandis que Lakshmana montait la garde. Guha vint le rejoindre et tous deux se mirent à parler de Rama, l'homme qu'ils aimaient le plus au monde.

Puis Lakshmana dit à son ami combien ses pensées étaient restées là-bas, avec ceux qui lui étaient chers.

– Ma mère doit être très malheureuse bien qu'elle ait montré beaucoup de courage en ma présence. Je suis heureux de penser que Satrughna prendra soin d'elle et la consolera. Quant à Kausalya, cette noble dame dont toute la vie est dévouée à Rama, et à mon pauvre père, il est possible qu'ils ne supportent pas cette séparation, soupira Lakshmana. Qui pourrait remplacer Rama dans leurs cœurs ?

Guha fit de son mieux pour réconforter son ami.

Le jour suivant, les trois voyageurs lui dirent au

revoir et s'embarquèrent dans le bateau mis à leur disposition.

Avant le départ, Sumantra, le cœur lourd, vint prendre congé de Rama.

– Retourne à Ayodhya, Sumantra, et réconforte le roi. Assure la reine Kaikeyi que j'ai bien rempli ma promesse et donne de nos nouvelles à nos mères, Kausalya et Sumitra. Quand mon frère Bharata rentrera, dis-lui que je confie à ses soins mon père et ma mère.

« Si Bharata avait été présent, jamais il n'aurait permis à Rama de partir et Kaikeyi n'aurait pas osé prononcer de telles exigences », pensa à part lui le vieux Sumantra. Puis il dit à haute voix :

– Comment puis-je retourner sans vous et faire face au roi et au peuple d'Ayodhya ? Pensez à l'accueil qu'ils me feront. O Rama, permets-moi de rester à ton service. Ces chevaux vous porteront sur les mauvais chemins de la forêt. Regarde comme ils piaffent d'impatience à cette idée !

– Sumantra, je sais combien tout cela t'est pénible, mais tu dois rentrer à Ayodhya pour donner de nos nouvelles au roi. Kaikeyi doit également savoir que j'ai rempli ma promesse. Allons, il te faut rentrer. C'est un ordre, dit Rama.

Tandis que le bateau s'éloignait, Sumantra et Guha le suivirent du regard, les yeux embués de larmes. Guha regagna son royaume ; quant à Sumantra, il remonta dans son char, saisit tristement les rênes et prit le chemin du retour.

– Ayodhya sans Rama ! soupira-t-il.

Et les chevaux eux-mêmes se mirent à pleurer à chaudes larmes.

Lorsqu'ils parvinrent de l'autre côté de la rivière, Rama aida Sita à descendre du bateau, puis tous trois commencèrent à se frayer un chemin dans la jungle sauvage. En tête, marchait Lakshmana, au cas où il verrait quelque danger pour les en avertir. Puis venait Sita et enfin Rama, formant l'arrière-garde, pour les protéger, si besoin en était.

Sita ne semblait pas troublée le moins du monde. Ce genre de vie, tout à fait nouveau pour elle, la ravissait. Ayant toujours vécu dans l'ombre des palais, le spectacle de la nature l'enthousiasmait et l'enchantait. Rama attira son attention sur des scènes plaisantes de la forêt. Il lui dit le nom de certains arbres, d'oiseaux étranges. Sita était émerveillée. La forêt magnifique lui était une source continuelle de découvertes ; tout l'étonnait et son rire frais résonnait, joyeux, se mêlant au pépiement des oiseaux. Ensemble, ils poursuivirent leur marche insouciante, les deux princes restant attentifs à prévenir tout danger éventuel.

Maintenant qu'il était dans la jungle, Rama avait tout le temps de repenser aux événements des trois derniers jours. Jusqu'à présent, il avait été trop préoccupé de remplir la promesse faite à Kaikeyi. Ses pensées se tournèrent vers ses pauvres parents. Comme ils devaient souffrir ! Comment Kausalya avait-elle supporté la séparation ? Son père devait être trop malade pour veiller sur elle. Et Bharata était-il de retour ? Il fallait l'espérer, sinon la douleur risquait de submerger le vieux roi. Kaikeyi n'aurait pu le traiter plus durement. La pensée de ses malheureux parents envahit le cœur de Rama.

S'adressant à son frère, il lui dit :

– Lakshmana, pourquoi ne rentres-tu pas à Ayodhya pour prendre soin de père ? Bharata est loyal sans doute, mais sera-t-il assez ferme devant Kaikeyi ?

– Cher Rama, sois sans crainte. Je suis sûr que Bharata est maintenant près de notre père et qu'il fait tout son possible pour soulager sa peine. Je suis également certain qu'il prend soin de nos mères et qu'il les entoure de son affection. Cesse de te tourmenter.

Par ces propos et d'autres semblables, Lakshmana tenta de rassurer son frère et peu à peu ramena le calme dans son esprit tourmenté.

Après quelques jours de marche, les princes arrivèrent en vue de la jolie colline de Chitrakuta. La beauté du lieu ravit immédiatement le cœur de Sita. On était au printemps et les arbres étaient d'une verdure éclatante. Les oiseaux babillaient entre les feuilles ruisselantes de soleil et, tout près, on entendait le son clair de la rivière Malyavati qui bondissait sur son lit de rochers.

Rama eut le sentiment que Sita aimerait vivre là, dans ce cadre enchanteur. Aussi Lakshmana bâtit une petite hutte lovée sur une des douces pentes de la colline, où tous les trois pourraient vivre en paix. Les montagnes bleues que l'on apercevait dans le lointain, la forêt odorante et le chant des cascades ravissaient Sita. Rama aimait la regarder aller et venir de son pas léger au milieu des fleurs sauvages.

7
Bharata

La disparition soudaine du roi Dasaratha laissa Ayodhya sans protecteur. Face au danger d'une telle situation – les ennemis du royaume pouvaient envahir la ville à tout instant et les citoyens eux-mêmes ne se sentaient plus en sécurité –, le sage Vasishta prit la décision d'envoyer des messagers pour hâter le retour de Bharata.

Bharata fut étonné par l'urgence de ce retour. Cela ne ressemblait pas à son père de l'envoyer chercher aussi abruptement. Quel que fût le danger, il pouvait y faire face et, surtout, il avait Rama à ses côtés ! Il avait le vague sentiment que quelque chose était arrivé mais il ne put rien savoir des messagers à qui le sage Vasishta avait recommandé le silence. Bharata et Satrughna fouettèrent les chevaux jour et nuit, sans s'accorder un instant de répit. Enfin, ils aperçurent les tours de la cité.

Comme ils y pénétraient, les craintes de Bharata se confirmèrent. Au lieu de l'habituelle agitation, la ville était plongée dans une sorte de torpeur et les quelques passants attardés semblaient maussades. La place du marché était déserte. Tout paraissait sombre et sans vie. « C'est là une cité en deuil », pensa le prince, de plus en plus inquiet. Quelque chose était-il arrivé à son père ou à Rama ? Il se hâta vers le palais royal. Là encore, aucun accueil ne leur fut fait. Le palais lui-même était désert et silencieux. En quelques pas, il se rendit aux appartements de sa mère. Peut-être son père s'y trouvait-il ?

Comme Bharata entrait dans la pièce, Kaikeyi se leva de sa couche et l'attira vers elle avec toutes les marques de l'affection maternelle.

– Comment va mon cher enfant ? As-tu fait bon voyage ? Et comment va grand-père ? demanda-t-elle.

Mais Bharata l'entendit à peine.

– Où est père ? Je ne le trouve nulle part. Et il n'est point ici non plus. Où est-il parti ?

– Ton père, mon cher fils, était un grand roi. Ce fut un monarque idéal, au règne long et juste. C'était un homme généreux, bon et charitable envers tous. Il fut le protecteur du pauvre et il vénérait les dieux. Il a fait son devoir. Et maintenat, il doit jouir de sa récompense pour toutes ses actions méritoires. Ton père, mon petit, a rejoint les demeures célestes. Il connaît à présent la joie des mondes supérieurs.

Mort ! La nouvelle frappa Bharata comme la foudre. Père mort ! Comment ? Pourquoi ? Quand ? Pour quelle raison ne l'avait-on envoyé chercher ? Quel mal l'avait frappé ? Combien de temps avait duré sa maladie ? Bharata eut un cri de douleur.

– Hélas ! je n'ai pas eu la chance d'être près de lui dans ses derniers moments ! Quand je pense à l'amour et aux tendres soins qu'il me prodiguait, je ne peux supporter la douleur de cette séparation.

Quel père que celui-ci, mère, et combien facilement je l'ai perdu ! Et il est parti sans un mot pour moi ! O mère, je t'en prie, a-t-il dit quelque chose à mon sujet ? M'a-t-il laissé quelque message ? Rama, du moins, était présent pour veiller à ses dernières volontés. Il a eu la chance de recueillir ses dernières paroles. Mère, dis-moi, est-ce que les derniers mots de père furent pour moi ?

– Ton père est mort en appelant Rama. Ce furent ses dernières paroles, répliqua Kaikeyi.

Bharata, surpris, demanda :

– Pourquoi, mère, Rama n'était-il pas près de lui ? Où était-il parti ?

– Ton père l'avait exilé dans la forêt, dit Kaikeyi.

Bharata comprenait de moins en moins.

– Rama en exil ! Pourquoi ? Quel crime avait-il commis ? Rama est incapable d'une mauvaise action, dit-il enfin, en proie à la plus grande stupéfaction.

– Rama n'a rien fait de mal, répondit Kaikeyi. Voyant que le roi faisait les préparatifs de son couronnement, c'est moi qui ai alors exigé de ton père deux vœux qu'il m'avait octroyés naguère. Je lui ai demandé d'envoyer Rama en exil et de te donner le trône. Mon cher Bharata, j'ai fait tout cela dans ton intérêt. Le royaume de Kosala t'appartient maintenant. Le peuple voit en toi son nouveau roi. Prends la couronne et sois heureux.

Kaikeyi prononça ces paroles sans la moindre trace de honte ou de regret. Bharata restait pétrifié sous le choc. Peu à peu, il commençait à comprendre ce qui s'était réellement passé.

– Tu as obligé le roi à exiler Rama pour que je puisse avoir la couronne ? Et le roi est mort, le cœur brisé, parce qu'il a dû renvoyer son fils bien-aimé ?

Et tu me dis cela sans la moindre honte ! Sais-tu ce que tu as fait ? Tu as usurpé la couronne qui revenait à Rama, le fils aîné, quelle injustice ! Comment as-tu osé ? Et mon père est mort de chagrin. As-tu réellement cru que j'accepterais le royaume ? Ne sais-tu combien j'aime Rama ? Crois-tu que je pourrais jamais revendiquer un bien qui lui appartient ? Tu ne verras jamais tes vœux s'accomplir. Je ne serai pas couronné, je t'en fais le serment. Je ne m'assiérai jamais sur le trône. Je ramènerai Rama et le couronnerai moi-même. Quelle sorte d'horrible femme es-tu ? Jamais plus, je ne pourrai te donner le nom de mère, quand tu as fait mourir mon père et renvoyé mon frère avec si peu de cœur ! Et dire que tu l'as fait pour mon bien !

– Bharata, je l'ai fait pour te rendre heureux, ne comprends-tu pas ? murmura Kaikeyi.

Mais rien ne pouvait soulager la colère de Bharata. Il enrageait contre elle et jurait de ramener Rama.

– J'irai jusqu'au fin fond de la jungle pour ramener Rama et, s'il insiste sur le fait que l'un de nous doit s'exiler pour remplir la promesse faite à père, je serai celui-là, s'écria le noble Bharata.

Ayant enfin appris le retour de Bharata, Kausalya et Sumitra se hâtèrent de venir le saluer. Kausalya espérait qu'il pourrait l'aider à soulager sa peine. Quand Baratha vit la mère de Rama, sa douleur redoubla.

– Hélas, mère bien-aimée, j'espère que tu me crois innocent de tout cela, s'écria-t-il, en sanglotant.

A la vérité, Kausalya avait eu un léger doute ; elle s'était demandé si Bharata ne serait pas tenté par la couronne. Mais, en voyant ses larmes et en entendant ses paroles, ses craintes disparurent tout à fait.

– Quel noble fils tu es, mon Bharata ! La joie de te voir ici aujourd'hui me fait oublier quelque temps l'absence de Rama ! dit Kausalya avec un sentiment de chaleureuse gratitude.

Bharata lui parla alors du plan qu'il avait formé, de ramener Rama à Ayodhya. La mère de Rama débordait de reconnaissance.

– Mon fils, lui dit-elle, la liste des noms illustres est longue dans notre famille, mais tu les surpasses tous, toi qui as refusé la couronne qui t'était offerte.

Quand les citoyens d'Ayodhya apprirent le retour de Bharata, ils se présentèrent en délégation pour lui demander d'accepter la couronne royale. Bharata refusa. Devant l'assemblée réunie, il prêta le serment de ramener le prince.

– Nobles gens d'Ayodhya, leur déclara-t-il, vous savez tous que, selon notre tradition familiale, c'est le fils aîné qui doit régner. Comment pourrais-je accepter la couronne quand Rama, le fils aîné de notre famille, est encore vivant ? Il est vrai que Rama a été exilé pour que notre père puisse tenir sa parole ; mais j'ai l'intention d'aller le retrouver et de le persuader de revenir. Gens d'Ayodhya, je me propose de rester moi-même dans la forêt et d'y vivre en ermite pendant une période de quatorze ans. Je remplirai ainsi la parole sacrée de mon père et je rachèterai par cet acte la conduite déloyale de ma mère.

Une ovation enthousiaste accueillit son discours. On frappait dans ses mains, on acclamait Bharata, l'appelant le plus noble de la lignée des Ikshvakus. Toute la salle en était ébranlée. Le prince, incapable de se contenir davantage, laissa couler ses larmes.

Dès lors, Bharata ne connut plus de répit. Nuit et jour, il formait des plans pour ramener son frère. Pour faciliter ses recherches, il rassembla une immense troupe d'hommes qui connaissaient bien le pays, ses jungles et ses rivières. Il prit conseil de Vasishta et d'autres sages. Enfin, il se décida à partir à la tête de cette grande armée. Les trois reines de Dasaratha faisaient partie du cortège. En emmenant Kaikeyi, il espérait qu'elle retirerait les vœux qu'elle avait exigés du vieux roi, facilitant ainsi le retour de Rama.

Quand Guha, le roi-chasseur, aperçut ce vaste déploiement de troupes de l'autre côté de la rivière, il envoya des éclaireurs. Qui cela pouvait-il être ? Ses hommes lui rapportèrent qu'il s'agissait de Bharata. Quoi ! Était-il possible que Bharata poursuivît son frère dans sa retraite forestière ? Sa soif de vengeance l'amenait-elle jusque-là ! Guha décida de s'en assurer lui-même.

A distance, il reconnut l'emblême du roi Dasaratha. C'était bien Bharata. « Allons voir ce qu'il désire », se dit Guha. Il traversa la rivière et se présenta à Bharata avec tous les honneurs dus à un roi.

– Je suis à la recherche de Rama, lui dit Bharata sans préambule. Pouvez-vous m'aider à le retrouver, toi et tes hommes ?

Guha accepta avec empressement.

– Pardonne mon indiscrétion, dit-il, mais pourquoi un tel déploiement de troupes ? J'espère que vos intentions sont loyales ?

Aucun mot n'aurait pu ajouter davantage à la honte et à la douleur de Bharata.

– Et maintenant on me suspecte de trahison envers Rama ! Crois-moi, roi Guha, ajouta-t-il sur un ton de reproche, je suis venu chercher Rama pour le ramener à Ayodhya et je n'aurai de cesse qu'il ne soit remonté sur le trône de Kosala.

A ces mots, Guha fut transporté de joie.

– Gloire à toi, meilleur des princes ! s'écria-t-il. Qui d'autre que le frère de Rama aurait pu proférer de telles paroles ? Tu es vraiment digne de lui. Sois sans crainte, mes hommes vous guideront dans la forêt et vous aideront à retrouver Rama.

Bharata passa cette nuit-là à veiller avec Guha, comme l'avait fait Rama peu de temps auparavant. Guha lui rapporta tout ce que Rama avait dit et fait alors. Il lui montra l'arbre sous lequel avaient reposé Rama et Sita. Bharata ne pouvait s'endormir. La pensée de Rama et de tout ce qu'il avait enduré à cause de la conduite de sa mère le faisait trop souffrir. Il passa le reste de la nuit à sangloter et à maudire son destin.

Le lendemain matin, Guha aida les hommes de Bharata à traverser la rivière. Puis il leur montra le chemin qui menait à la forêt, là-bas derrière les collines, et le long cortège se mit en route. Le roi-chasseur accompagnait le prince. Ils demandèrent aux rishis qu'ils rencontraient s'ils avaient vu Rama. Ceux-ci indiquèrent la direction de Chitrakuta où, croyaient-ils, séjournait ce héros. Bharata et son armée se dirigèrent vers Chitrakuta.

Pendant ce temps, à Chitrakuta, Rama et Sita vivaient dans un grand bonheur. Ils se baignaient souvent dans la rivière Malyavati. Rama y admirait les cygnes et les lotus. Se tournant vers Sita, il lui disait parfois avec une expression de profonde tendresse : « Mais qu'est leur beauté comparée à la tienne ? » Sita, baignée dans le charme de cette nature, se sentait aussi heureuse qu'à Ayodhya. Rama disait souvent : « J'ai l'impression de me trouver à Ayodhya. Les animaux de la jungle me montrent autant d'affection que mes sujets. Les flots de la Malyavati me rappellent notre Sarayu. Les racines et les pousses dont je me nourris ici ont une saveur plus délicieuse que les doux mets du palais. Et par-dessus tout, vous êtes près de moi, toi et Lakshmana. Que désirer de plus pour être heureux ? »

Un jour, comme ils se reposaient devant la porte de leur hutte, ils aperçurent au loin un nuage de poussière. Lakshmana grimpa sur un arbre pour voir de quoi il s'agissait. Et grande fut sa surprise en découvrant une vaste armée où flottait en tête l'emblême du roi Dasaratha.

– Rama ! Rama ! cria-t-il d'un ton rageur. Bharata vient nous attaquer. Mets Sita à l'abri et va chercher ton arc.

Rama sourit.

– Tu crois vraiment que Bharata vient nous attaquer ? Et moi je pense qu'il vient pour m'offrir la couronne. Je connais mon Bharata.

– Rama, tu es toujours trop bon avec ceux qui cherchent à te nuire, répondit Lakshmana d'un ton maussade.

– Attends un peu, Lakshmana, et n'agis pas à la légère. Remets tes flèches dans ton carquois. Pour quelle raison veux-tu te battre avec Bharata ? Pour avoir la couronne ? Je n'ai qu'à lui demander de te la donner et il le fera.

Lakshmana baissa la tête et murmura :

– Peut-être est-ce notre père lui-même qui vient voir ce que nous devenons.

– Attends plutôt, lui conseilla Rama, mais surtout réprime ta colère.

La grande armée de Bharata arrivait et, bientôt, le jeune prince lui-même grimpa la colline à grandes enjambées. Comme il arrivait au sommet, la première chose qu'il vit fut le visage de Rama qui, rayonnant tel le soleil levant, s'encadrait dans la porte de la hutte. Il se mit à courir en criant :

– Rama ! Rama ! Mon Rama !

Rama se leva pour aller à sa rencontre et s'avança vers lui, les bras tendus. Des larmes de joie jaillirent des yeux de Bharata mais ses genoux vacillèrent et, avant de pouvoir atteindre son frère, il tomba sur le sol. Rama se baissa et, avec tendresse, il prit dans ses bras son frère bien-aimé. Lakshmana, honteux, baissait la tête.

Rama était étonné par l'accoutrement de Bharata. Lui aussi était vêtu d'écorce d'arbre à la façon des ermites. De longues journées de douleur et de jeûne avaient laissé leurs marques sur son visage. Il était faible et pâle.

– Quel est ce costume ? demanda Rama. Père t'aurait-il, toi aussi, envoyé dans la forêt ?

Ces derniers mots ravivèrent le chagrin de Bharata. Il fit à Rama le récit de la mort du roi. Rama baissa la tête en signe de douleur. Sita pleurait doucement. Dans l'intervalle, Vasishta, Guha, Sumantra et le reste du cortège les avaient rejoints.

– Oui, père est mort et, en conséquence, il te faut rentrer pour prendre soin du royaume, dit Bharata d'un ton ferme.

– Bharata, répliqua Rama, c'est toi qui devrais être à Ayodhya à présent pour accomplir cette tâche.

– Frère bien-aimé, écoute-moi. Père est mort de douleur pour avoir dû t'exiler. Ma mère a souffert pour ce qu'elle a fait. Elle regrette ce qui est arrivé, car elle sait maintenant que jamais je ne serai roi. Elle sait également combien je réprouve sa conduite ; aussi souhaite-t-elle vivement ton retour. Regarde ! Nous sommes tous venus pour te ramener à Ayodhya. Voici ta mère, ton frère Satrughna, voici Vasishta, ton maître, et Guha, ton ami ; voici tous les citoyens d'Ayodhya. Tous, ils te supplient de rentrer. Ne veux-tu pas nous rendre heureux ?

En disant ces derniers mots, Bharata tomba aux pieds de Rama. Ce héros le releva tendrement.

– Frère bien-aimé, je connais ton cœur. Sois sans crainte. Je sais que tu ne convoites pas la couronne royale. Je vois clairement ce qui s'est passé ; mais une promesse doit être tenue. Il n'y a pas de retour en arrière pour un Ikshvaku, quand il a donné sa parole. Mon père a ordonné l'exil pour moi, et la couronne pour toi. Aussi, retourne à Ayodhya et assume ton rôle de roi.

Mais Bharata refusait de se soumettre. Il menaça de s'étendre sur le sol et de jeûner jusqu'à ce que Rama cédât. Rama essaya en vain de le faire changer d'avis.

– Si tu dois obéir aux ordres de père, pourquoi ne pourrais-je rester dans la forêt pendant quatorze ans et vivre en ermite à ta place ? Cela suffirait certainement à remplir la promesse de père, argumenta Bharata.

Rama sourit à ces enfantillages.

– Bharata, fais ce que je te dis. Retourne prendre soin du royaume. Quant à moi, après avoir rempli ma promesse, les quatorze années écoulées, je rentrerai à Ayodhya. Je t'en fais le serment, je reviendrai et alors seulement j'accepterai ton offre.

Bharata se tourna vers l'assemblée comme pour implorer son aide mais ils dirent tous :

– Rama est inébranlable dans sa décision. Personne ne pourra le faire changer d'avis.

– Eh bien, as-tu entendu ? demanda Rama à son frère.

Le sage Vasishta intervint alors :

– Bharata, suis les ordres de Rama et gouverne le royaume en son absence pendant ces quatorze années. Personne ne pourra te blâmer d'être un simple régent.

Rama se hâta d'approuver les mots du sage. Enfin Bharata déclara en se tournant vers Rama :

– Très bien. Je vois que je dois me soumettre, mais je ne m'assiérai pas sur le trône royal et je ne gouvernerai pas à Ayodhya. O Rama, donne-moi tes sandales. Elles orneront le siège royal des Ikshvakus, tandis que je vivrai dans un village voisin, à Nandigrama, où je remplirai ma tâche en ton nom, jusqu'à ton retour.

Rama fut prompt à saisir le trait qui se cachait derrière ces mots, le trait de l'amour. Il répondit :

– Je ne manquerai pas de revenir, Bharata. Je reviendrai et serai alors couronné comme tu le souhaites.

La voix entrecoupée par l'émotion, Bharata dit encore :

– Jusqu'à ce jour, moi aussi je vivrai comme un rishi, à Nandigrama, en jeûnes et en prières, tandis que tes sandales – symbole de ta puissance – reposeront au palais royal d'Ayodhya.

Bharata rapporta donc les sandales de Rama à Ayodhya. Avec le plus grand respect, il les déposa sur le trône, à l'endroit même où Rama aurait dû prendre place. Enfin, lui-même se retira à Nandigrama d'où il gouverna le royaume au nom de Rama, comptant avec impatience les jours qui le séparaient du retour de son frère bien-aimé.

8
La menace

Après le départ de Bharata, les pensées de Rama étaient emplies de son frère bien-aimé. Autour de lui, tout le lui rappelait, et ses fières paroles résonnaient encore à ses oreilles. Il revoyait aussi son expression de tendre supplication – il y avait quelque chose de divin dans la profondeur de son amour. Sans cesse, il revivait la scène touchante de leur séparation, le visage de sa mère en larmes, la peine de Satrughna...

– Mieux vaut quitter ces lieux, dit enfin Rama à Lakshmana. Il me semble voir partout le visage de Bharata. Partons.

Ils quittèrent donc Chitrakuta où ils avaient été si heureux. Ils allèrent saluer les rishis qui vivaient dans le voisinage et reprirent leur marche insouciante. Ils pénétrèrent dans la grande forêt de Dandaka et se mirent à la recherche d'un nouveau lieu où ils pourraient s'établir. Or, cette forêt était renommée pour les nombreux sages qui y vivaient et Rama se proposait de les visiter l'un après l'autre.

Un jour qu'ils se rendaient à l'un de ces ermitages, ils virent sur le chemin un terrible rakshasa qu'on appelait Virata. Son apparence était si féroce qu'elle terrifia Sita. Tout à coup, le géant la saisit dans ses bras énormes et la brandit dans les airs comme un fétu. Sita se mit à crier, appelant Rama à son secours.

– Vite, Lakshmana, dit Rama, Sita est en danger.

Une pluie de flèches s'abattit sur Virata. Mais, à leur grande stupéfaction, toutes manquèrent leur but, comme si une force étrangère les en avait détournées au dernier moment. Nouvelle pluie de flèches. Cette fois, elles atteignirent leur but mais le démon s'en dégagea aisément, comme s'il s'agissait de simples plumes. Rendu fou furieux par la hardiesse de ces deux guerriers pygmées, il déposa Sita à terre, empoigna les deux frères, un dans chaque main, et les souleva à une hauteur vertigineuse. Rama et Lakshmana saisirent cette opportunité et, dégainant rapidement leurs épées, ils se mirent en devoir de tailler dans la chair du gigantesque rakshasa, qui bientôt roula à terre, mortellement blessé. Ils creusèrent alors un trou profond où ils enterrèrent le géant encore vivant. Telle fut la fin de Virata, le premier démon à succomber sous l'épée de Rama.

Quand cet exploit parvint aux oreilles des rishis de la forêt de Dandaka, ils se hâtèrent de venir remercier Rama. Ils l'entourèrent chaleureusement et lui dirent :

– Ta présence ici est une bénédiction, Rama ! Tu viens de détruire un de nos plus mortels ennemis. Tu ne sais à quel point ces démons nous tourmentent. Nous sommes pour eux une proie facile ; aussi te supplions-nous de rester et de nous protéger.

Rama fut touché par leur appel. Il leur promit de demeurer à Dandaka et de leur venir en aide. Mais Sita se montra plus réservée. Elle n'approuvait pas la promesse de Rama car, disait-elle, il était venu ici pour mener une vie d'ermite et il ne devait pas se conduire comme un roi qui protège ses sujets en détresse. Toutefois, Rama éprouvait de la compassion à l'égard des rishis ; il leur avait promis son aide et il tiendrait parole. En outre, il était dans la nature même de Rama de secourir les affligés.

Ils passèrent donc les dix années suivantes à parcourir la grande forêt de Dandaka. Partout, les rishis les accueillaient et les hébergeaient. Qu'auraient-ils pu souhaiter de mieux en échange que le bras protecteur de Rama ? Ainsi se poursuivit la vie errante des princes d'Ayodhya, un mois dans cet ermitage, quelques semaines dans cet autre, quelques mois dans un troisième...

Entre l'amour de Rama et les soins attentifs de Lakshmana, Sita s'épanouissait. Elle était devenue l'âme de la forêt. Comme leur dixième année d'exil touchait à sa fin, elle exprima le désir de s'établir à nouveau dans un lieu précis. Ils se trouvaient alors dans un endroit charmant appelé Panchavati, situé sur les bords de la Godavari, et Sita déclara que c'était là l'endroit idéal. Aussitôt, avec son adresse habituelle, Lakshmana se mit à l'ouvrage et leur bâtit une nouvelle demeure.

Sita adorait cet endroit. La hutte disparaissait presque dans le feuillage environnant ; des plantes grimpantes la dérobaient aux regards et des fleurs sauvages poussaient çà et là dans l'herbe alentour. Les oiseaux roucoulaient dans les arbres, invitant Sita à se joindre à leur chant. Dans le voisinage, des troupeaux de daims paissaient paisiblement. La

Godavari coulait, non loin de là. Sita ne voyait pas le temps passer. Ses journées étaient bien remplies, partagées entre ses différentes activités : nourrir les daims, ramasser les fleurs, admirer les oiseaux ou se baigner dans la rivière. Lakshmana était toujours prêt à répondre à son appel et Rama toujours à ses côtés.

Chaque fois que les frères devaient s'absenter pour aller chercher leur nourriture dans la forêt, le vieil aigle Jatayu lui tenait compagnie. Jatayu était un ami du roi Dasaratha. Dès qu'il avait appris que les princes se trouvaient à Panchavati, il était accouru pour se présenter à eux et leur proposer ses humbles services. Il avait établi sa demeure à proximité et se tenait prêt à satisfaire les moindres désirs des princes d'Ayodhya.

Or il se trouva que deux des plus jeunes frères de Ravana le Terrible, Khara et Dushana, vivaient

également à Panchavati, en compagnie de leur sœur, la démone Surpanaka. Un jour, en passant devant la hutte de Rama, Surpanaka aperçut les princes assis sur le seuil. Le noble maintien et la beauté de Rama frappèrent la stupide femelle rakshasa, qui le regarda, fascinée. « Quelle merveilleuse créature est-ce là ! se dit-elle. Quel être divin ! Je suis sûre que même Indra – le roi des dieux – ne peut rivaliser avec lui en force ni en beauté. »

Elle s'approcha et demanda à Rama qui il était. Les deux princes, amusés par les regards de l'horrible démone, lui dirent pourquoi ils se trouvaient là. Alors elle leur déclara :

– Je suis la sœur de Ravana le Terrible. Vous avez certainement entendu parler de lui. Ses prouesses l'ont rendu célèbre dans les trois mondes. Tout aussi puissants sont mes frères Khara et Dushana qui gouvernent cette forêt.

Puis s'adressant à Rama, elle lui dit :

– Veux-tu venir vivre avec nous ? Épouse-moi et nous vivrons dans un grand palais avec de nombreux serviteurs. Comment peux-tu te satisfaire de cette petite fille maigrichonne ? ajouta-t-elle en se tournant vers Sita. Allons, abandonne-la et suis-moi !

Rama, réprimant un sourire, répondit :

– Cette petite fille est déjà ma femme. Je ne peux donc pas t'épouser. Pourquoi ne demandes-tu pas à mon frère ? Lui est encore libre ! conclut Rama en se tournant vers Lakshmana avec un sourire malicieux.

Surpanaka courut immédiatement vers Lakshmana. Il lui semblait aussi beau et désirable que Rama.

– Viens, jeune homme, lui dit-elle, suis-moi et je te rendrai heureux.

– Quelle malchance, ma chère ! s'écria Lakshmana. Je suis au service de ce prince-là et, si tu m'épouses, tu devras toi aussi les servir tous les deux ! dit-il en indiquant le couple royal.

Surpanaka se sentit frustrée et offensée. Elle pensa que les princes hésitaient à répondre à ses avances à cause de la présence de Sita. Oui, c'était elle, le véritable obstacle. Si seulement elle pouvait s'en débarrasser, alors tout irait bien. Aussi, dans un brusque accès de colère, elle étendit les mains pour attaquer Sita. Rama l'arrêta et, se tournant vers son frère, il lui dit d'un ton sans réplique :

– Lakshmana, assez plaisanté. Arrête cette femme.

Lakshmana tira son épée et, d'un mouvement rapide, il trancha net le nez et les oreilles de Surpanaka. Puis il la chassa au loin.

La démone mutilée s'engouffra dans la forêt en poussant des hurlements de douleur. Sur son passage, les bêtes sauvages elles-mêmes se cachaient, terrifiées. Sa fierté blessée l'avait rendue furieuse et la poussait à se venger. Elle courut vers ses frères et leur raconta ce qui s'était passé. Elle leur reprocha d'avoir permis à deux hommes aussi misérables de vivre sur leur domaine.

– Ils m'ont insultée ! criait-elle en versant des larmes de rage.

Khara ne pouvait en croire ses yeux : comment un homme, un simple mortel avait-il osé mutiler sa propre sœur et cela sur ses propres terres ! Comment cela avait-il pu se produire ?

– Sois sans crainte, ma chère, dit-il. Ces hommes n'ont plus longtemps à vivre.

Il envoya dans la forêt une douzaine de ses meilleurs guerriers, choisis parmi les plus vaillants. Il était sûr qu'ils reviendraient promptement car leur tâche était simple. Mais sa surprise fut totale de ne pas les voir revenir, ni même donner signe de vie, au bout de plusieurs heures ! Il commençait à s'inquiéter et envoya un messager. Très vite, celui-ci revint, tête basse, lui dire que tous avaient été tués. Khara, furieux, décida de partir lui-même à la tête de son armée.

Pendant ce temps, Rama se préparait pour les combats à venir. Il donna l'ordre à Lakshmana de mener Sita à l'abri dans l'une des cavernes de la colline.

– Je les combattrai seul, dit-il. Toi, tu veilleras sur Sita.

Muni de son unique arc et de tout un carquois de flèches, Rama se tenait debout, prêt à affronter l'ennemi. Comme les démons approchaient, les flèches se succédèrent, quittant l'arc de Rama avec la rapidité de l'éclair. Pas une ne manqua son but, et le champ fut bientôt couvert par les corps de centaines de rakshasas ; des flots de sang dévalaient les pentes de Panchavati. Dandaka était enfin délivrée de sa peste !

Les rishis arrivèrent en grand nombre pour célébrer leur délivrance. Du haut du ciel, les dieux eux-mêmes avaient assisté au combat et ils avaient salué la victoire du grand héros par une pluie de fleurs.

Sita et Lakshmana vinrent retrouver Rama qui se tenait debout, l'air triomphant, le regard éclairé par la victoire. Sita leva son doux visage vers la poitrine de Rama et lava ses blessures par le baume apaisant de ses larmes.

Lakshmana s'écria, joyeux :

– Les sages de Dandaka peuvent à présent vivre en paix.

Surpanaka s'enfuit, terrifiée, sur l'île de Lanka. Elle ne savait plus que penser. Elle sentit que Ravana lui-même se trouvait en danger et qu'il fallait le prévenir. En même temps, sa fierté blessée criait vengeance. Dans le secret de son cœur, elle décida donc que Sita devait souffrir. N'était-ce pas à cause de cette femme qu'elle n'avait pu assouvir son désir et vivre heureuse avec Rama à Dandaka ? C'est dans cet état d'esprit qu'elle arriva à la cour de son frère.

Ravana, roi de Lanka, était assis sur son trône d'or, dans toute sa magnificence. L'arrogance et la suffisance se lisaient sur ses traits. Il avait vaincu les devas et les avait réduits en esclavage ; dans le monde inférieur chacun le craignait. Quant aux simples mortels, ils étaient tout simplement insignifiants ! Il régnait suprême... lui, Ravana, roi de

Lanka et maître absolu des trois mondes ! L'irruption de Surpanaka ébranla ce bel édifice.

– Mon frère, si jamais tu t'es cru invincible dans les trois mondes, c'est le moment d'y renoncer, s'écria-t-elle, d'une voix enrouée par la douleur.

Ravana fut pétrifié, car c'était justement ce qui occupait ses pensées.

– Comment oses-tu me parler sur ce ton, même si tu es ma sœur ? s'exclama le démon.

– Frère, n'as-tu pas été informé de ce qui est arrivé à nos plus vaillants guerriers ? reprit Surpanaka. Khara, Dushana et des centaines d'autres parmi nos plus fameux soldats sont morts à Dandaka. Tu le croiras difficilement, mais ils ont tous été tués par un seul homme. Un simple mortel, et par la seule force de son bras, a tué tes frères bien-aimés ! Lève-toi, Ravana, et venge-toi ! Que pareille défaite puisse arriver au roi de Lanka, n'est-ce pas une honte ? Eh bien, m'entends-tu ? De quoi as-tu peur ? Pourquoi diffères-tu ta vengeance ?

Ces derniers mots sortirent Ravana de sa torpeur. La colère l'envahit et il bondit de son trône comme s'il allait égorger Rama sur-le-champ. Alors Surpanaka l'arrêta :

– Attends une minute, dit-elle, et ne te hâte pas de courir au danger. Réfléchis un instant. Penses-tu qu'une simple mort peut venger les insultes que j'ai subies ? Je vais t'indiquer un meilleur plan. As-tu entendu parler de Sita ? Il n'y a pas de mot pour décrire sa beauté. On dirait un lys en fleur. La sombre forêt elle-même est éclairée par sa présence. Les fleurs endormies éclosent à sa vue. Dès que je l'ai vue, j'ai su qu'elle devait t'appartenir. Va et cueille ce joyau qui te revient. Voilà qui punira Rama bien plus que la mort.

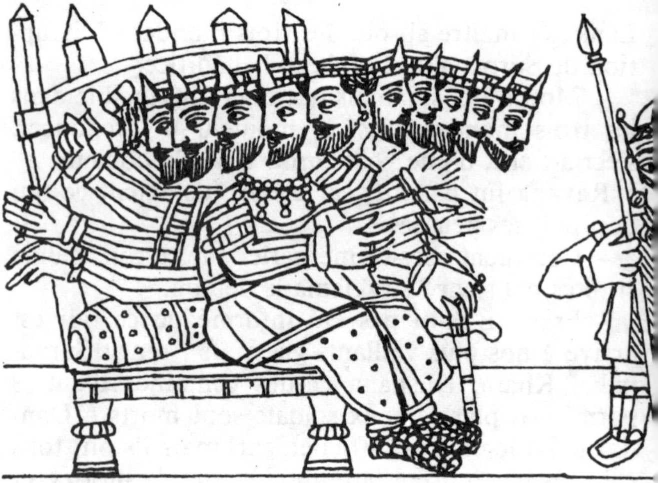

Voyant que ses paroles impressionnaient Ravana, la démone profita de son avantage.

– Regarde mon visage et ce que le frère de Rama en a fait ! dit-elle en s'apitoyant sur son sort. C'est pour toi que j'ai tant souffert et c'est pour toi que Khara et Dushana sont morts en combattant. Tu te vantes de posséder Lanka et d'avoir conquis les trois mondes, mais Lanka n'est qu'un désert sans Sita sur le trône, à tes côtés !

Enflammé par le désir et la colère, Ravana se sentait maintenant en pleine possession de ses forces, prêt à passer à l'action. Il ordonna qu'on amène son char sur-le-champ. Le *pushpaka* était un véhicule magique qui pouvait voyager sur terre, sur mer ou dans les airs. Comme le char l'emportait, Ravana se mit à penser aux différents moyens de séduire ou d'enlever Sita, et un ingénieux stratagème se présenta à son esprit.

Il se souvint que son oncle Maricha avait le pouvoir d'emprunter n'importe quelle forme. Or ce Maricha n'était autre que le fils de Tataka, celui-là même que la flèche de Rama avait envoyé tout droit dans la mer, quelques années auparavant. L'humiliation ressentie avait d'abord poussé Maricha à la vengeance, mais, plus tard, se rendant compte qu'il n'avait aucune chance contre Rama et ayant, de surcroît, reconnu la grandeur de ce héros, il avait décidé de changer de vie et de s'amender. Il s'était retiré dans un ermitage où il menait une vie de prières. Aussi fut-il surpris d'être interrompu dans sa méditation par l'apparition soudaine de Ravana. Sans rien laisser paraître de son déplaisir, il accueillit son roi et lui demanda humblement :

– O grand roi, je suis honoré de ta visite ! Que puis-je faire pour toi ?

– J'ai perdu mon prestige, dit Ravana. Les dieux

doivent se moquer de moi. Mon pouvoir, inébranlable jusqu'à ce jour, est mis en doute. Rama, le prince d'Ayodhya, a tué mes vaillants frères et a détruit la plus grande partie de mon armée à Dandaka, et cela – m'a-t-on dit – par la seule force de son bras ! Comment désormais puis-je faire face au peuple de Lanka ? Il faut que je me venge de ce simple mortel, de ce Rama. Mais le tuer n'est pas suffisant car il a gravement insulté ma sœur et déshonoré ma race. Je dois trouver un moyen de le blesser profondément. J'ai donc décidé d'enlever son épouse. Sita, m'a-t-on dit, est d'une beauté divine, incomparable. Je l'aurai donc pour moi seul. Privé de Sita, Rama perdra courage, j'en suis sûr : ou il mourra ou il s'enfuira. De toute façon, lorsqu'il sera réduit à cette triste condition, la victoire m'appartiendra ; alors je l'attaquerai et je le tuerai.

A ces derniers mots, Maricha se mit à trembler. Il pâlit et sentit sa bouche se dessécher. Il se rappela le jour où la flèche de Rama l'avait envoyé, avec une force prodigieuse, jusque dans la mer.

– Grand roi, dit-il enfin, je te supplie de réfléchir encore avant de vouloir enlever Sita à Rama. Tu ne sais pas combien ce héros est fort et courageux.

– C'est possible, répondit Ravana, mais n'oublie pas que je suis Ravana, roi de Lanka. Maricha, tu dois m'aider. Tu as une grande connaissance des charmes magiques. Prends la forme d'une jeune biche au pelage doré et va folâtrer devant la hutte de Rama. Sita, j'en suis sûr, demandera à Rama d'attraper pour elle cette biche merveilleuse. Rama te donnera la chasse. Fais-le courir et éloigne-le. Pendant ce temps, j'enlèverai Sita et la transporterai à Lanka.

– Mais Rama m'épouvante. Je n'oserai jamais l'affronter, murmura Maricha.

– Je ne te demande pas de l'affronter mais d'être simplement une biche dorée devant l'ermitage de Sita. Cela me suffit. Je m'occuperai du reste ! ajouta Ravana avec un sourire cruel à la pensée du méchant tour qu'il allait jouer à la pauvre Sita.

– Mais Rama me tuera !

– Eh bien, s'il te tue, n'oublie pas d'appeler à l'aide en imitant la voix de Rama. Ainsi Lakshmana, pour répondre à son appel, abandonnera Sita à sa solitude et... à mes soins ! conclut l'horrible démon, sans se soucier le moins du monde du sort réservé à Maricha.

– Mais, roi, il est de mon devoir de t'avertir que...

– Trêve d'avertissements ! hurla Ravana d'une voix de tonnerre. Comment oses-tu me donner des leçons ? As-tu toi aussi appris à désobéir à ton roi ? Dis un mot de plus et je te tue ! hurla-t-il, menaçant.

Maricha comprit que son heure était venue. Il dit tout bas :

– Eh bien soit ! Partons ! Puisqu'il faut mourir, je préfère que ce soit de la main de Rama plutôt que de la tienne !

Le démon le regarda en jubilant. Ensemble, ils montèrent dans le char de Ravana qui prit la direction de Panchavati.

9
L'enlèvement de Sita

Un jour, alors que Rama et Sita étaient assis devant leur hutte, une biche au splendide pelage doré passa comme un éclair devant eux.

– Oh ! la merveilleuse créature ! s'écria Sita, ravie par la beauté de l'animal. Comme j'aimerais pouvoir jouer avec elle ! Je t'en prie, Rama, capture-la pour moi.

Rama qui ne manquait pas une occasion de plaire à Sita, en satisfaisant ses moindres désirs, se leva aussitôt. Mais Lakshmana l'arrêta.

– Je t'en prie, Rama, n'y va pas. J'ai l'impression que ce n'est pas une biche ordinaire. As-tu déjà vu une biche au pelage doré ? Il y a là quelque chose d'étrange, je le sens.

– Oh ! regarde-la, Rama ! Vois comme sa robe brille au soleil ! continua la princesse. Ses yeux sont pareils à des rubis. N'iras-tu pas la chercher ? Bharata sera enchanté de la voir si nous la ramenons à Ayodhya.

Sita cherchait par tous les moyens à convaincre Rama. Lakshmana dit encore :

– C'est peut-être un piège. Je t'en prie, n'y va pas !

Sita éclata de rire.

– Vraiment, Rama, aurais-tu peur ? Je t'en prie, capture-la pour moi, dit-elle en le suppliant pour la troisième fois.

– Lakshmana, dit Rama, Sita insiste pour que je capture cette biche. Tu n'as rien à craindre, mais reste ici et veille sur Sita jusqu'à mon retour.

Lakshmana suivit son frère d'un regard désapprobateur. Ce héros revint bientôt, son arc à la main.

– N'oublie pas, Lakshmana, de prendre soin de Sita comme de ta propre vie, dit encore Rama avant de s'éloigner.

Maricha, la biche dorée, contraignit Rama à lui donner la chasse jusqu'au fin fond de la forêt. Des kilomètres et des kilomètres, elle le tint en haleine et le fit courir jusqu'à ce que Rama, exténué, se résolût à l'abattre. Comme la flèche de Rama atteignait son cœur, Maricha comprit que sa fin était venue. Fidèle jusqu'au bout aux instructions de son roi, il cria, en imitant le mieux possible la voix de Rama : « Sita ! Lakshmana ! A l'aide !... » puis il expira. En mourant, son corps reprit sa forme initiale de rakshasa et Rama se dit : « Ainsi Lakshmana avait raison. Je me demande dans quel but le rakshasa a appelé Sita et Lakshmana. Serait-ce pour effrayer Sita ? Si tel est le cas, Lakshmana saura la rassurer. »

Pourtant le prince hâtait son retour. Quelque pressentiment lui disait que Sita était en danger. Il priait pour que, abusée par une fausse alarme, la princesse n'ait pas envoyé Lakshmana à sa recherche et il pressait le pas...

Quand Sita entendit la voix de Rama qui les appelait, elle fut terrifiée et supplia Lakshmana de courir à son secours. Lakshmana essaya en vain de la calmer.

– Peux-tu imaginer Rama demandant de l'aide, lui dit-il, ce héros qui, à lui seul, a détruit des centaines de démons dans la grande bataille à laquelle nous avons assisté ? C'est certainement un de ces rakshasas qui essaie de nous abuser. Ne crains rien pour Rama ; il sera bientôt à tes côtés.

Mais Sita refusait d'être rassurée.

– J'ai peur que quelque chose de terrible ne soit arrivé à Rama. Pars sans plus attendre, dit-elle à Lakshmana.

– La voix que nous avons entendue n'est pas celle de Rama, j'en suis convaincu, reprit Lakshmana. C'est celle de quelque démon, peut-être même celui qui a pris l'apparence de la biche dorée.

Cette calme réponse ne put satisfaire Sita. Tremblante de peur, elle supplia Lakshmana encore et encore de se porter au secours de son frère. Comme celui-ci ne voulait rien entendre, Sita perdit patience. La peur qui s'était emparée de son cœur lui fit prononcer des mots cruels, voire insultants pour le frère de Rama. La princesse l'accusa de couardise, d'égoïsme, d'indifférence vis-à-vis de son frère. Sita, la plus douce des femmes, parlait à Lakshmana un langage qu'il ne connaissait pas.

– Ainsi, pendant toutes ces années, tu as prétendu nous aimer et être au service de Rama. Mais c'était une simple comédie et maintenant que Rama est en danger, tu parais même t'en réjouir ! dit Sita.

C'en était trop pour le pauvre Lakshmana ! Les railleries de Sita lui devenant insupportables, il oublia les ordres de son frère et ses propres convictions. Abandonnant Sita, il s'éloigna dans la forêt à la recherche de Rama.

Sitôt le départ de Lakshmana, Ravana comprit que son heure était venue. Sita était seule. Sous les traits d'un pauvre ermite mendiant des aumônes, il se présenta à la porte de la hutte. Sita sortit sans se douter de rien et, comme c'était la coutume parmi les sages de la forêt, elle lui souhaita la bienvenue, le fit asseoir et posa devant lui un repas frugal de fruits et de racines.

Ravana, qui voyait Sita pour la première fois, ne pouvait en détacher ses regards. Il suivait chacun de ses mouvements d'un œil avide et décida de l'enlever sur-le-champ. Sita se tournait sans cesse vers

la porte, espérant le retour de ses chers Rama et Lakshmana. Mais ils n'arrivaient toujours pas.

Ravana commença à l'entretenir d'une voix douce, lui demandant qui elle était, d'où elle venait... Pensant qu'il était de son devoir de satisfaire son hôte, Sita fit de son mieux pour répondre à ses questions. A son tour, elle l'interrogea. Alors Ravana, jugeant le moment propice, lui dit :

– Sita, tu dois avoir entendu parler d'un rakshasa nommé Ravana, roi de Lanka et qui règne sur les trois mondes. Je suis ce Ravana. Oh ! femme adorable ! Viens avec moi à Lanka et sois mon épouse. Je mettrai à tes pieds toutes les richesses du monde. Quel bonheur peut être le tien avec un simple mortel qui vit dans la forêt comme un sauvage ? conclut-il d'une manière brutale qui n'admettait pas de refus.

Alors Sita, plus indignée qu'effrayée par ces propos, rejeta fièrement sa tête en arrière et répondit :

– Tu es sans doute Ravana, roi de Lanka, mais pour moi Rama est tout au monde. Je l'aime et ne serai jamais qu'à lui seul.

Tant de mépris et de beauté ne firent qu'attiser davantage le feu qui dévorait Ravana. Incapable de se maîtriser plus longtemps, il saisit violemment Sita par les cheveux et, la plaçant sur son char magique, il l'emporta dans les airs.

– Ah ! Rama ! où es-tu ? N'entends-tu pas mes cris ? O mon cher Lakshmana, le plus noble des frères, que j'ai si cruellement traité, comme j'étais injuste envers toi ! Et me voilà maintenant enlevée sans le moindre espoir de salut. Oh ! dieux, ayez pitié de ma détresse !

Ainsi se lamentait la pauvre Sita tandis que l'emportait le char de Ravana.

Jatayu, le roi des aigles, entendit ses cris pitoyables. Du haut de l'arbre où il reposait, il fondit sur eux.

– Comment pourrais-tu m'aider, mon pauvre Jatayu ? sanglotait Sita. Du moins, pourras-tu dire à Rama que Ravana, roi de Lanka, m'a enlevée.

Mais Jatayu était brave et courageux. Il aimait Rama et il était prêt à se battre pour empêcher que Sita ne lui fût ravie.

– Ravana, cria-t-il, si tu es un roi et un guerrier, attaque donc Rama ouvertement au lieu de lui dérober son épouse comme un lâche !

Ces mots enflammèrent la rage de Ravana. Il essaya de frapper l'oiseau de la pointe de son épée.

– Eh bien, poursuivit Jatayu, conduis-toi en guerrier et défends-toi !

Ravana fut forcé de descendre de son char et de se battre avec l'oiseau. Un duel sanglant s'ensuivit. Le vieil oiseau se défendit avec un rare courage et une détermination farouche. Mais, hélas, Ravana était trop fort pour lui. Dans sa cruauté, ce démon lui coupa les ailes et lui infligea de profondes blessures. Pour finir, il frappa d'un coup mortel le cœur de l'oiseau. Le pauvre Jatayu roula sur le sol.

Sita accourut vers lui.

– Cher et fidèle ami, murmura-t-elle en se penchant sur sa poitrine. C'est pour me sauver que tu as perdu la vie. Tu étais comme un père pour nous, si doux, si dévoué... Oh ! cher oiseau !

Mais Ravana ne lui laissa pas le temps de consoler davantage son vieil ami mourant. La saisissant rapidement, il remonta dans son char qui s'éleva à nouveau dans les airs.

– Rama ! Lakshmana ! N'entendez-vous pas ? Le misérable Ravana m'emporte loin de vous. Où que vous soyez, ne sentez-vous pas ma détresse ? O chers arbres, douces fleurs, gentils oiseaux de la forêt, dites à Rama où et comment je suis partie !

Ses cris pitoyables remplissaient la forêt. Le chant des oiseaux s'était tu et les fleurs baissaient la tête, tristement. Le faon favori de Sita versait des larmes. Les bêtes sauvages elles-mêmes étaient plongées dans la tristesse. La forêt tout entière se désolait.

– On enlève Sita ! se lamentait-elle.

Sita lança à Ravana d'un ton méprisant :

– Tu es un guerrier et un souverain, dis-tu, mais tu es venu comme un voleur et tu m'as dérobée en l'absence de mon seigneur.

Ravana ne l'entendait pas. Son char fendait les nuages avec la rapidité de l'éclair, Sita était emportée au-delà des rivières, au-delà des montagnes...

Regardant sous elle, Sita aperçut un groupe de singes assis au sommet d'une colline. Mue par une idée subite, elle retira quelques-uns de ses bijoux, puis en fit un ballot qu'elle leur lança. Les singes, entendant ses lamentations et recevant le ballot, levèrent vers le ciel un regard étonné et aperçurent le char du rakshasa qui, avec une grande rapidité, emportait le démon et sa captive en direction du sud !

Enfin Ravana traversa l'océan et atteignit Lanka. Il appela quelques servantes rakshasis et leur demanda de traiter Sita avec les plus grands égards.

– Veillez à ce qu'elle ait tout ce qu'elle désire, leur dit-il. Je veux qu'elle soit heureuse. Évitez de lui déplaire. Montrez-lui mon palais... faites-lui voir mes richesses, mon armée... dites-lui que Ravana est le plus puissant roi dans les trois mondes.

Puis il envoya quelques-uns de ses plus vaillants soldats à Panchavati pour surveiller Rama. Après tout, Rama avait tué Khara, un grand héros, et il fallait être sur ses gardes !

Le jour suivant, Ravana vint voir Sita. Il jubilait. Il pensait gagner son cœur par des paroles séduisantes, mais espérait surtout que la vue de toutes ses richesses l'aurait impressionnée car il avait recommandé qu'on lui montrât tout : ses palais, ses forteresses, ses armures, et les rares trésors que les devas eux-mêmes avaient mis à sa disposition.

– Sita, lui dit-il, as-tu admiré tout cela ? N'es-tu pas satisfaite ? Tu sais maintenant quelle est ma puissance, quelle est ma gloire ! Mes richesses s'empilent comme des montagnes et mes bras sont si longs qu'il me suffit de les étendre pour en saisir davantage ! Vois le bonheur qui t'attend ! Accepte d'être ma reine et tu régneras sur les trois mondes ! Dis seulement que tu m'appartiens.

Ainsi parlait l'horrible démon à la fille de Janaka. Comme Sita ne lui répondait pas, il crut la partie gagnée et il continua ses vantardises.

– Jamais Rama ne pourra te retrouver. Lanka est bien loin, perdue au milieu des mers. Abandonne toute idée de le revoir un jour. Je ferai de toi ma favorite et tout ce qui est à moi sera à toi. Tu n'as qu'à parler... divine... aimable Sita, dit-il en se rapprochant d'elle.

Faisant un effort pour sortir de sa torpeur et oublier son chagrin, Sita releva la tête et lui dit sur un ton de colère dédaigneuse :

– Lâche que tu es ! tu oublies que tu t'adresses à l'épouse de celui qui a tué tes démons comme des mouches, dans les plaines de Panchavati. Crois-tu qu'un tel héros va se croiser les bras et rester sans s'émouvoir quand il verra que tu m'as enlevée ? Penses-tu que c'est un lâche comme toi qui va rentrer à Ayodhya en rasant les murs, sans tuer l'homme qui lui a dérobé son épouse ? Attends seulement... et tu connaîtras le même sort que les autres des mains de mon Rama. Ah ! tu oses me parler d'amour ! Hors d'ici ! Je te déteste !

Les mots de Sita plongèrent Ravana dans une violente colère.

– Je vois... C'est là ta réponse, n'est-ce pas ? Très bien. Mais penses-y plus à loisir. Je te donne un délai d'une année. Si d'ici là tu n'as pas changé d'avis, mes cuisiniers feront de toi un mets de choix ! s'écria-t-il en la menaçant.

Sita l'entendit à peine. Elle était convaincue que Rama viendrait la secourir bien avant ce terme. Sita, pourtant d'un naturel doux et tendre, montra qu'elle était la digne fille d'un roi. Elle supporta avec courage les menaces de Ravana et attendit patiemment le jour heureux de sa délivrance où elle pourrait enfin se retrouver aux côtés du prince d'Ayodhya.

Les rakshasis, ses geôlières, la transportèrent dans les merveilleux jardins d'Ashoka. Là, Sita passa de nombreux mois à pleurer, à se lamenter et à se rappeler les jours heureux de Panchavati.

Pauvre Sita ! Elle ignorait hélas combien Lanka était loin et comme il serait difficile pour Rama de la rejoindre. Il devrait d'abord retrouver sa trace et découvrir le lieu de sa captivité. « Sita n'avait pas la moindre idée de tous les obstacles que Rama allait rencontrer sur sa route », raconte le poète Valmiki.

10
A la recherche de Sita

Rama marchait vite, l'esprit agité de sombres pensées, quand il aperçut Lakshmana qui venait à sa rencontre. En voyant son frère, Rama eut le sentiment qu'un grave danger menaçait Sita. Son cœur se mit à battre plus rapidement. Il cria presque :

– Que fais-tu ici ? Pourquoi as-tu abandonné Sita ?

Lakshmana eut l'air embarrassé. Il pressentait déjà qu'il n'aurait pas dû quitter son poste.

– Nous avons entendu appeler à l'aide. Sita a cru reconnaître ta voix et elle a insisté pour que je cours te rejoindre.

– Tu n'aurais pas dû l'écouter, Lakshmana ! Comme tu l'avais deviné, cette biche était un rakshasa. En fait, c'était Maricha. Je n'ai aucune idée des plans que ces démons ont formés contre nous, mais je crains le pire pour Sita. Oh ! Lakshmana ! Pourquoi l'as-tu laissée seule !

– Sita m'a dit des mots cruels, qui m'ont blessé au cœur. Je n'ai pas pu supporter ses accusations et je suis parti.

– Tu n'aurais pas dû prêter attention à ses paroles, dit Rama. La pauvre enfant a eu peur, naturellement, et elle a essayé de t'envoyer à mon secours d'une façon ou d'une autre. Mais tu sais combien les rakshasas sont furieux de notre victoire à Panchavati. Ils n'attendent qu'une occasion de se venger et je suis sûr que, cette fois, ils ont l'intention de s'attaquer à Sita. Oh ! Lakshmana ! Quelle folie de l'avoir laissée seule à la hutte ! répéta Rama en hâtant le pas.

Comme Rama l'avait pressenti, Sita avait disparu. Ils trouvèrent seulement les restes du repas de Ravana et, ici et là dans la hutte, de menus objets ayant appartenu à Sita. Les frères la cherchèrent partout, ils l'appelèrent de tous côtés, mais en vain : elle n'était nulle part. La douleur de Rama était infinie. Il pleurait et gémissait comme un enfant, appelant à son aide ses amis de la forêt.

– O cher arbre, dis-moi où se cache Sita ? O rivière Godavari, l'as-tu vue passer ?

Ainsi errait Rama à travers la forêt, demandant à chacun des nouvelles de sa bien-aimée.

Les arbres baissaient leurs branches d'un air désolé et le jeune faon pleurait à chaudes larmes. Mais nul ne put lui dire où était Sita.

– Peut-être les démons l'ont-ils dévorée ? Je connais leur penchant pour la chair humaine. Ils doivent l'avoir taillée en pièces. Oh ! Lakshmana, cette pensée me fait frémir !

Et Rama se mit à pleurer amèrement.

– Ne te décourage pas si vite, lui dit Lakshmana. Je suis certain que Sita est vivante. Explorons la forêt à fond !

Alors une idée traversa l'esprit de Rama : tout cela n'était qu'une plaisanterie, Sita aimait à leur jouer de petites comédies. Elle pouvait s'être cachée dans une caverne proche ou encore se baigner tranquillement dans la rivière.

– Oui, c'est cela, cherchons encore ! s'écria-t-il.

A nouveau, ils explorèrent les environs de la hutte, fouillant le moindre espace, le moindre buisson.

– Sors de ta cachette, ma bien-aimée, criait Rama. Je ne peux plus vivre sans toi.

Mais Sita ne se montrait pas et aucun rire ne montait du creux des arbres alentour. Rama se découragea à nouveau. Il interrogeait tous les animaux qu'il rencontrait. Un troupeau de daims ayant fait un signe comme pour indiquer la direction du sud, Rama et Lakshmana le suivirent. Tout en marchant, ils appelaient Sita à haute voix.

– Comment puis-je rentrer à Ayodhya ? se lamentait Rama. Comment pourrai-je me présenter devant ma mère sans Sita ? Et quelle consolation pourrai-je offrir à Janaka ? Que dirai-je au peuple d'Ayodhya qui voudra savoir comment j'ai été assez fou pour perdre mon épouse ?

Rama délirait ; en vérité, il était sur le point de perdre la raison. Lakshmana savait que la perte de Sita avait été un coup trop rude pour lui et il faisait de son mieux pour en atténuer les effets.

– Ne perds pas espoir, frère bien-aimé. N'oublie pas que tu es un prince et un héros. Tu ne dois pas te laisser abattre. Trouvons notre ennemi et tuons-le ! dit-il d'une voix ferme.

Soudain, sur le chemin, ils virent des fleurs répandues sur le sol.

– Je les reconnais, dit Rama, alarmé. Ce sont les fleurs qui ornaient la chevelure de Sita. Je les lui ai données ce matin même.

Ils poursuivirent leur marche, cherchant d'autres indices. Enfin, ils parvinrent à l'endroit de la bataille qui avait opposé Jatayu à Ravana. Des flèches émoussées, des débris d'épées et de char brisé jonchaient le sol. Un peu plus loin, ils trouvèrent Jatayu qui agonisait. Rama accourut vers l'oiseau mourant et le prit dans ses bras.

– Rama, murmura-t-il, Ravana, roi de Lanka, a enlevé Sita. J'ai tenté de l'arrêter et de le combattre mais en vain ; il m'a achevé.

– Oh ! brave oiseau ! Quel protecteur tu as été pour nous et quel courage tu as montré ! Quelle fin glorieuse ! dit encore Rama à travers ses larmes.

– Ne crains rien, dit Jatayu. Tu retrouveras Sita et tout ira bien.

Ce furent ses dernières paroles. Rama se lamenta sur cette nouvelle perte.

– Le sort s'acharne, hélas, contre nous, dit-il. Notre vieux Jatayu est mort et Sita se trouve quelque part entre les griffes de l'horrible Ravana.

Mais Lakshmana ne lâchait pas prise.

– Frère, ne nous décourageons pas ! Nous découvrirons le repaire de Ravana, nous le tuerons et nous délivrerons Sita. Allons ! Ne perdons plus de temps !

Rama et Lakshmana reprirent leur course infatigable à travers la forêt. Partout ils appelaient Sita et partout les montagnes leur renvoyaient l'écho du nom bien-aimé : « Sita !... Sita !... » Mais ils allaient à l'aventure car le pauvre Jatayu n'avait pas eu le temps de leur en dire davantage sur le lieu où Ravana avait emmené Sita.

Quelques jours plus tard, ils arrivèrent sur les bords de la rivière Pampa. Tout près se trouvait la colline de Rishyamukha. On était au printemps et toute la nature était en fleur. On entendait chanter la rivière. La pensée de Sita envahit à nouveau Rama. Comme elle aurait aimé cet endroit ! Sa présence était partout. Son absence, intolérable.

Comme il s'en plaignait à Lakshmana, celui-ci répondit :

– Ne désespère pas ! Nous sommes maintenant à Rishyamukha où nos amis les rishis nous ont conseillé de rechercher l'appui de Sugriva, le roi des singes. J'ai la conviction qu'il pourra nous aider à découvrir la retraite de Sita. Je sens que nous touchons au but ! dit Lakshmana.

Sugriva, qui fuyait la colère de son frère Vali, avait en effet trouvé refuge sur la colline de Rishyamukha. La vue de ces deux jeunes guerriers à l'allure fière et noble, se déplaçant les arcs à la main dans ces collines boisées, le rendit méfiant. Peut-être étaient-ce des espions envoyés par son frère pour le capturer ? Aussi, s'abritant derrière un pic rocheux, il dépêcha vers eux, pour s'en assurer, son messager, le singe Hanuman.

Hanuman, déguisant son apparence simiesque sous les traits d'un saint homme, s'approcha de Rama et Lakshmana. Mais bientôt, frappé par leur beauté, leur force et la grâce de leur conversation, il se montra sous son vrai jour. Dès qu'il apprit leur illustre origine, il fut convaincu que ces deux superbes princes pourraient aider Sugriva à regagner son royaume.

Tout en ne sachant rien des exploits de Rama, Hanuman pressentait la valeur de ce grand guerrier. Son noble maintien, sa physionomie rayonnante, ses yeux brillants et ses bras puissants conquirent d'emblée son enthousiasme et son admiration. Il retourna auprès de Sugriva pour lui rendre compte de sa mission. Une rencontre fut ménagée entre Rama et Sugriva. Fait étrange, Rama se sentit immédiatement adopté par les singes. Lui-même avait le sentiment qu'il retrouvait de vieux amis et non qu'il les voyait pour la première fois.

Des années auparavant, lorsque le roi Dasaratha avait offert son sacrifice aux dieux et qu'une forme divine avait émergé du foyer tenant dans ses mains la coupe qui contenait l'esprit de Vishnu, les devas avaient décidé, de leur côté, de prendre part à la lutte contre les démons. Et c'est ainsi qu'au royaume de Kishkinda, on avait assisté à la naissance d'un grand nombre de singes dotés de pouvoirs surnaturels. Certains se déplaçaient à la vitesse du vent ; d'autres étaient aussi puissants que le soleil ; d'autres encore combattaient avec la force d'Indra. Tous enfin pouvaient agir à la façon des humains. Une force divine les habitait. Ayant envoyé leurs fils sur la terre, sous la forme de ces singes, les devas attendaient patiemment le jour où ils pourraient aider Rama à vaincre les démons.

Sugriva, Hanuman, Rama et Lakshmana passèrent de longs moments dans les grottes de Rishyamukha à s'entretenir et à se raconter leurs tribulations. Quand Sugriva apprit que Ravana avait enlevé Sita, il se rappela tout à coup le ballot qu'une femme avait laissé choir du haut de son char volant.

– Un jour, dit-il, mes compagnons et moi-même avons aperçu quelqu'un qui enlevait une femme dans un char volant. Elle criait : « Rama !... Lakshmana ! » et elle laissa tomber un ballot à nos pieds. Peut-être était-ce Sita ? fit remarquer Sugriva.

– Cours vite chercher ce ballot, dit Rama, impatient de voir ce qu'il contenait.

Les singes revinrent bientôt et posèrent le ballot devant Rama. Mais celui-ci ne pouvait l'ouvrir tant ses doigts tremblaient, et ce fut Lakshmana qui défit le nœud. Alors les bijoux de Sita s'étalèrent sous leurs yeux.

– Lakshmana ! s'écria Rama d'une voix étranglée par l'émotion. Les reconnais-tu ?

– Je ne les reconnais pas tous, répondit Lakshmana, mais je me rappelle bien le bracelet de cheville que je voyais chaque jour en me prosternant à ses pieds.

En disant ces mots, ses yeux se remplirent de larmes. Rama se perdit à nouveau dans ses douloureuses pensées.

Sugriva se demandait comment il pourrait décider Rama à tuer son frère Vali. Sans aucun doute, Rama était un guerrier incomparable, mais il était pour le moment tout occupé par son chagrin. Il était peu probable qu'il abandonnât la recherche de Sita pour lutter contre Vali. De plus, quand il apprendrait l'histoire de Sugriva, il pouvait fort bien ne pas embrasser sa cause et croire que Sugriva n'avait cherché qu'à usurper le trône – tout comme son frère l'avait pensé. Sugriva hésitait et ne savait comment présenter sa requête à son nouvel ami. Enfin, il se décida :

– Rama, lui dit-il, je connais la force puissante de Ravana et je suis prêt à t'aider à le vaincre ; mais nous devons auparavant découvrir le lieu où il retient Sita prisonnière. Or, il m'est impossible d'entreprendre cette tâche dans la situation présente. Tu sais que mon frère Vali a juré ma mort et qu'ici seulement je me trouve en sécurité.

Rama comprit ce qu'il attendait de lui. Il demanda :

– Comment se fait-il que toi et ton frère soyez de si grands ennemis ?

Alors Sugriva raconta son histoire.

Dans le temps, Sugriva et Vali vivaient à Kishkinda, la capitale du royaume des vanaras. Vali, l'aîné, gouvernait en tant que roi tandis que Sugriva servait son frère avec amour et respect. Vali était fort et puissant et il aimait à sa façon ce frère d'un naturel plus doux. Mais il était sujet à de violents accès de colère où il perdait alors tout pouvoir de raisonnement. C'est ce qui arriva lorsqu'il exila Sugriva du royaume.

Vali fut provoqué par un démon nommé Mayavi et les frères décidèrent de le combattre ensemble. Mayavi entra dans une grotte et Vali le suivit. Mais, comme Sugriva s'apprêtait à faire de même, son frère l'arrêta.

– Reste près de l'entrée, lui dit-il. Je vais achever ce démon en un instant et je reviens.

Et Vali disparut à l'intérieur de la grotte. Sugriva attendit patiemment. Les jours passèrent, puis les semaines ; des mois s'écoulèrent, et Vali ne reparaissait pas. Enfin, il sembla à Sugriva qu'il entendait rugir le démon à l'intérieur de la grotte. Il vit alors un flot de sang qui s'en écoulait. Frappé de terreur, il en conclut que Vali avait été tué par Mayavi et ses congénères. Il condamna l'entrée de la grotte avec un énorme rocher et courut chez lui se mettre à l'abri.

Par la suite, Sugriva essaya bravement de faire son devoir en l'absence de Vali. Or, les singes du royaume sentaient le besoin urgent d'un roi et ils avaient toujours préféré Sugriva. Pourquoi ne pas l'élire maintenant que Vali n'était plus ? Ils supplièrent Sugriva d'accepter la couronne. Comme il était faible – le pouvoir l'attirait –, il céda aux avances du peuple des vanaras et fut couronné.

Tout aurait été parfait si Vali n'avait soudain reparu. En rentrant dans son royaume, après avoir tué le démon Mayavi, il trouva son frère sur le trône, et cela le rendit furieux. Incapable de contenir sa colère, il hurla contre son frère et refusa de prêter l'oreille à ses tendres supplications.

– Frères, plaida Sugriva, j'ai vraiment cru que tu étais mort et j'ai accepté la couronne seulement parce que les vanaras m'en ont persuadé. Mais je suis tout prêt à te la rendre et à te servir comme auparavant.

Mais Vali ne voulut même pas l'entendre. Il le fit exiler et jura de le tuer si jamais il le retrouvait sur sa route.

– Tu comprends maintenant, Rama, dit Sugriva en terminant son récit, pourquoi je tremble de rencontrer mon vaillant frère. Ici, je passe mon temps à parcourir les collines et les vallées comme un pauvre ermite, avec pour seule compagnie ces quatre fidèles vanaras.

Rama fut touché par la situation de Sugriva. Il lui aurait volontiers accordé son aide, mais une pensée le retenait. Après tout, Vali était le roi légitime du royaume de Kishkinda. Était-il juste de le tuer pour offrir la couronne à Sugriva ?

En même temps, Rama se rendait compte qu'il ne pourrait jamais mettre sa confiance en Vali, ni en faire son allié contre Ravana. Jadis, il est vrai, Vali avait triomphé de Ravana, mais à présent ils étaient de nouveau alliés. En outre, même si Vali promettait son aide, il était apte à changer d'avis car, d'après le récit de Sugriva, il apparaissait à Rama comme un caractère têtu, fier et arrogant. Il pourrait très bien ne pas apprécier l'idée de conduire une armée contre Lanka, sous les ordres de Rama.

Au contraire, Sugriva semblait un ami loyal et, si Rama lui accordait son aide, il se ferait un point d'honneur de l'aider à son tour à retrouver Sita.

Tout bien considéré, Rama décida donc de s'allier à Sugriva contre Vali. Lakshmana mit ce choix en doute.

– Es-tu sûr, Rama, d'avoir bien examiné la situation ? lui demanda-t-il.

– Oui, répondit Rama, d'un ton résolu. Je suis certain que Sugriva se révélera un ami loyal alors que j'ai un sentiment tout différent quand on me rapporte les faits et gestes de Vali.

11
L'armée des vanaras

Le lendemain, Rama et Sugriva échangèrent un serment solennel d'alliance et de fidélité. Rama, désireux de remplir sa promesse, conseilla à Sugriva d'attaquer aussitôt Kishkinda avec les forces en sa possession. Sugriva se récria :

– Comment ! Attaquer le grand Vali avec quatre guerriers seulement ! Certainement, Rama ne connaît pas la valeur de ce héros.

Rama sourit.

– Mon frère a tué de nombreux rakshasas, dit Sugriva, et il a même une fois triomphé de Ravana en combat singulier. C'est un guerrier de grande renommée.

Rama se contenta de hocher la tête. Sugriva poursuivit :

– Et sais-tu de quoi il est capable ? Quand il a décidé de se battre, il déracine un arbre en guise d'arme et il marche au combat !

Pour toute réponse, Rama saisit son arc et, y ajustant une flèche, il visa un arbre qui se trouvait à proximité. La flèche transperça non seulement l'arbre de part en part mais également six autres plantés en file derrière lui ; puis elle revint d'elle-même se placer dans le carquois de Rama.

Sugriva, complètement subjugué par cet exploit, s'adressa à Rama d'une voix humble :

– Dis-moi ce que je dois faire. Penses-tu réellement que je puisse attaquer avec quatre guerriers seulement ?

– Oui, répondit Rama. Sois sans crainte. Je te suivrai sans me montrer et, le moment venu, j'agirai.

Ayant repris courage, Sugriva se mit en marche vers Kishkinda.

Des fenêtres de son palais, Vali vit son frère approcher des murs de la cité. Cela le surprit car il n'avait pas laissé subsister le moindre doute sur ses intentions meurtrières, au cas où Sugriva essaierait de pénétrer à nouveau dans la ville. Mais plus surprenante encore lui parut l'attitude martiale des singes exilés. Ils semblaient s'avancer en ordre de bataille. Quelle pouvait en être la raison ? Vali se le demandait, quand soudain la colère le submergea.

– Que signifie tout cela ? s'écria-t-il d'une voix de tonnerre. Est-ce que Sugriva veut mourir ?

Tara, son épouse, essaya de modérer son courroux.

– Sugriva est de retour après que tu lui as infligé plusieurs défaites, lui dit-elle, et il a l'air décidé. Cela indique qu'il a de puissants alliés. Attendons de voir ce qu'il va faire ; il n'a sûrement pas l'intention de prendre Kishkinda avec quatre guerriers seulement !

Mais Vali détestait passer pour un lâche. D'une nature vaniteuse et arrogante, il ne pouvait supporter l'idée que d'autres lui résistent. Il décida donc d'attaquer sur-le-champ et accourut en rugissant aux portes de la cité. C'en était trop pour Sugriva, qui s'élança à son tour pour parer son attaque.

Quel couple magnifique formaient ces deux énormes singes ! Dans la lutte, leur pelage doré étincelait et les faisait ressembler à d'immenses montagnes au soleil levant ! Mais le duel qui opposa les deux frères devint rapidement sanglant. Sugriva fut grièvement blessé et les cris de guerre de Vali se transformèrent en gémissements de douleur. Toutefois, la lutte continua et Rama, qui en suivait les étapes de son poste d'observateur, se rendit compte que Sugriva faiblissait et qu'il était sur le point de succomber.

Dans l'ardeur du combat, les deux singes, étroitement mêlés, avaient roulé sur le sol avec des grognements féroces. Il était difficile de les distinguer l'un de l'autre ; toutefois, Rama saisit une flèche et décocha un trait mortel, visant au cœur le plus aîné des combattants. Vali, l'énorme souverain des vanaras, mortellement blessé, s'écroula avec un rugissement ultime, dans une mare de sang.

Or Vali, en dépit de son caractère coléreux, était un valeureux guerrier et un merveilleux soldat, aux proportions massives et doué d'une force surhumaine. Tout blessé qu'il fût, gisant sur le sol, il se demandait qui avait pu l'abattre et cherchait des yeux son invisible ennemi.

– Montre-toi, qui que tu sois, ô toi qui m'as décoché cette flèche fatale ! s'écria-t-il d'une voix claire, en dépit de sa mortelle agonie.

Alors, devant son regard brouillé par l'approche de la mort, apparût une forme brillante, d'une telle beauté et d'une perfection si divine que Vali se crut déjà transporté au royaume céleste.

– Qui es-tu, demanda-t-il à Rama, et pourquoi t'es-tu immiscé dans notre querelle ?

Rama lui raconta son histoire.

– Hélas ! Comme nous avons tous été abusés, reprit Vali. Je me suis mal conduit envers Sugriva et voilà mon châtiment ! Mais pourquoi n'as-tu pas demandé mon aide ? J'aurais certainement triomphé de Ravana.

– Mais tu es l'ami de Ravana, dit Rama.

– C'est vrai ; toutefois, je ne l'aurais pas soutenu dans une situation aussi déshonorante pour lui.

Vali s'enflammait. Même agonisant, le vieux héros ne baissait pas la tête ; ses yeux d'or étincelaient. L'énorme poitrine de Sugriva était secouée de sanglots.

– Quel misérable je suis ! J'ai tué mon frère, un véritable héros ! Le voici, gisant sur le sol, le corps percé de mille coups et pourtant il parle le langage des braves !

Vali lui fit signe d'approcher.

– Sugriva, dit-il, cesse de te lamenter. Nos torts sont partagés. Je t'ai traité injustement ; je n'aurais pas dû montrer tant de colère, de mépris et de fierté. Je paie chèrement aujourd'hui mes extravagances. Gouverne à présent le royaume de Kishkinda. Tu légueras ensuite la couronne à mon fils Angada.

Les forces de Vali l'abandonnaient ; il ne pouvait plus que murmurer quand son épouse Tara arriva près de lui. Ses yeux se fermèrent et, bientôt, le grand roi des singes rendit son dernier souffle.

Sugriva fut proclamé roi de Kishkinda. Coiffé de la couronne royale, son corps brillant orné de la guirlande de perles qui avait jadis appartenu à Vali, l'énorme vanara avait une noble prestance. A ses côtés, se tenait Angada dont la force n'avait d'égale que celle de son père. Des centaines d'autres vana-

ras, puissants, braves et pleins de vaillance, formaient la cour de Sugriva. Rama les regarda, apaisé. Il était sûr à présent que ces singes courageux l'aideraient à retrouver Sita.

Pourtant Sugriva devait se révéler un singe ordinaire. En effet, comme les jours passaient, il semblait avoir oublié sa promesse à Rama. Il avait toujours une excuse : il invoquait le mauvais temps, la pluie, la mousson.

– En cette saison, disait-il, les montagnes et les collines sont infranchissables.

Pendant ce temps, le roi des singes s'adonnait à une vie de plaisirs, voire de débauche, au milieu du vin et des chansons.

De son côté, Rama se morfondait dans une caverne proche. Il se nourrissait à peine et pensait tout le jour à Sita. Lakshmana ne pouvait plus supporter de le voir ainsi. En vain attendaient-ils un signe de Sugriva. A la fin, Lakshmana perdit patience. Dans un brusque accès de colère, il se précipita, son arc à la main, dans le palais de Sugriva, résolu à l'exterminer sur-le-champ.

– A quoi sert un ami qui ne tient pas ses promesses ? s'écria ce prince en courroux. Sors de ta retraite, poltron, et laisse-moi te donner une leçon !

Sugriva parut, très agité :

– Pardonne-moi, dit-il à Lakshmana. Je suis désolé d'avoir tant tardé à vous satisfaire, Rama et toi. Mais ne crois pas que je vous ai oubliés. J'ai donné des ordres pour le rassemblement de mes troupes. Elles doivent arriver d'un jour à l'autre.

En apprenant que l'armée des singes se préparait à partir à la recherche de Sita, Lakshmana fut soulagé et en oublia sa colère. Il saisit Sugriva par le cou et l'accola chaleureusement.

– Tu es un fidèle et véritable ami, lui dit-il. Je regrette d'avoir mis ta parole en doute.

Les troupes de vanaras affluaient à Kishkinda. Tous ces guerriers paraissaient vigoureux, doués d'un esprit vif et d'une grande agilité. Il y en avait un, cependant, qui était plus courageux, plus fort et plus intelligent que tous. Il pouvait, à son gré, déraciner les arbres, soulever d'énormes rochers et se déplacer d'un bond d'une colline à l'autre. C'était Hanuman.

La vue de tous ces puissants vanaras rendit courage à Rama. Ces singes doués d'une force surhumaine étaient certainement les plus qualifiés pour vaincre les rakshasas. En outre, la plupart d'entre eux avaient été favorisés par les dieux ; certains même étaient leurs descendants directs, tel Hanuman, le fils de Vayu, dieu du vent. Tout dans leur comportement, leur bravoure, leur force spectaculaire, semblait autoriser une telle croyance. En vérité, Rama n'aurait pas été étonné d'apprendre qu'ils étaient nés dans le but de détruire les rakshasas. L'enthousiasme des vanaras lorsqu'il les informa du but de leur expédition – retrouver la princesse et la délivrer des mains des démons – le confirma dans cette idée.

Sugriva répartit ses troupes en quatre divisions et, après leur avoir précisément indiqué comment mener leur recherche, il les envoya aux quatre points cardinaux. Angada et Hanuman prirent le commandement de la division qui se dirigeait vers le sud.

Rama savait en effet que Lanka se trouvait au sud et il avait le sentiment qu'Hanuman était le plus qualifié pour retrouver la princesse. Aussi le fit-il appeler avant son départ.

– Je sais que tu vas vers le sud, lui dit-il, et il est fort possible que tu rencontres Sita. Si tel est le cas, remets-lui cet anneau de ma part et promets-lui que j'accourrai au plus tôt pour tuer le monstre Ravana.

A la pensée de sa princesse, livrée aux mains de ces démons, le regard de Rama s'assombrit.

– Sois-en sûr, Rama. Nous retrouverons Sita, dit Hanuman en recevant humblement l'anneau des mains de Rama.

Les vanaras qui se dirigeaient vers le sud marchèrent pendant plusieurs jours. Sur leur route, ils durent affronter maints périls, traverser maintes rivières et montagnes. Mais leur quête ne se ralentissait pas. Ils ne virent aucun signe de la présence de Sita ou de Ravana. Enfin, tristes et las, ils atteignirent les bords de l'océan.

A ce point extrême de la péninsule indienne, ils s'assirent et se regardèrent, désemparés. Point n'était question de retourner vers Sugriva, car il leur avait dit sévèrement avant leur départ : « Inutile de rentrer sans nouvelles de Sita. Ceux qui s'y risqueraient ne trouveront ici que la mort. »

Ils n'osaient pas davantage traverser l'immense océan qui leur barrait la route. Longtemps ils tinrent conseil et se concertèrent sur la conduite à tenir.

– Il semble que nous devions tous périr ici, car il est clair que nous ne pouvons rentrer à Kishkinda sans nouvelles de Sita.

Or il advint que Sampati, le frère de l'aigle Jatayu, avait établi son repaire dans l'un des rochers proches de la mer. Il entendit les vanaras parler de Rama et, croyant reconnaître le nom de son frère, il prêta l'oreille à leur conversation. « Que disent ces singes... que mon frère est mort... est-ce possible ? Je dois m'en assurer », se dit-il et il sortit de son repaire.

Quand on l'eût informé des événements, il pleura amèrement la perte de Jatayu mais il se consola en pensant que son frère avait donné sa vie pour une noble cause. « Mon frère a trouvé la mort au service de Rama. Il n'aurait pu souhaiter une fin plus glorieuse. Il est fortuné d'avoir pu servir le fils des grands Ikshvakus », pensa-t-il.

– Je sais où se trouve Lanka, dit Sampati aux singes.

A ces mots, les vanaras, tout joyeux, l'entourèrent.

– Où cela, où cela ? s'écriaient-ils d'une voix pleine d'allégresse, leurs faces illuminées par un sourire.

– Je peux vous aider, car j'ai le don de vision à longue distance, poursuivit Sampati. D'ici, je peux voir Lanka qui se trouve à des milliers de kilomètres, perdue dans la mer. Je vois Ravana dans son palais. Et également Sita. Elle est assise, elle pleure et se lamente. Si l'un d'entre vous est assez fort pour traverser d'un bond la mer et rejoindre Lanka, qu'il aille s'en assurer par lui-même, conclut Sampati.

A ces mots, un grand silence se fit. Les singes, désespérés, se regardèrent. Comment traverser l'océan sans bateau et sans guide ? Découragés et abattus, ils s'assirent sur le rivage en se disant :

– Il n'y a plus d'espoir. Plutôt mourir ici qu'affronter la colère du roi !

Alors Hanuman se mit debout. Il s'étira et, développant sa pleine stature, il augmenta sa taille qui attint bientôt des proportions gigantesques. Le regard enflammé, la poitrine bombée, les bras repliés le long du corps, sa longue queue enroulée, son être immense remplissait le ciel et semblait défier les démons depuis le rivage.

– Je traverserai l'océan ! s'écria-t-il.

Sa voix roulait comme le tonnerre.

– D'un bond, je franchirai l'espace qui me sépare de Lanka et je ramènerai des nouvelles de Sita !

Les vanaras, émerveillés, contemplaient ce singe prodigieux dont le visage reflétait le courage et la détermination héroïque.

Pour prendre son élan, Hanuman choisit le som-

met d'une colline voisine, située non loin du rivage. La foule des vanaras l'entourait, se livrant à toutes sortes de cabrioles joyeuses et poussant des cris d'allégresse.

– Nous sommes sauvés ! disaient-ils. Vive Hanuman, notre sauveur !

Alors Hanuman invoqua son vénérable père, Vayu, le dieu du vent, qui l'avait toujours assisté dans ses entreprises. Puis, serrant les poings et ployant les genoux, il prit son élan et s'élança dans les airs en rugissant. Les visages levés vers le ciel, tous les vanaras le suivaient des yeux et le virent bientôt disparaître derrière les nuages.

Certes, il n'était pas facile de traverser l'océan avec un corps aussi énorme que celui d'Hanuman, mais le dieu du vent le guida et lui donna les forces nécessaires pour surmonter les différents obstacles qu'il rencontra sur sa route.

Un démon en forme de poisson surgit des flots déchaînés et tenta de le dévorer ; Hanuman s'en débarrassa aisément. Puis une montagne se dressa devant lui, au milieu de la mer, lui barrant le passage ; Hanuman, d'un mouvement impétueux, l'ébranla et celle-ci, reconnaissant la vigueur prodigieuse du singe, l'accueillit favorablement pour lui faciliter le reste de sa traversée. Mais une dernière épreuve se présenta. Une horrible rakshasi invita Hanuman à entrer dans sa bouche monstrueuse ; réduisant rapidement sa taille gigantesque à la hauteur d'un pouce, il pénétra dans la gueule de la démone et en ressortit l'instant d'après, plein de vaillance.

Enfin Hanuman parvint en vue de l'île de Lanka.

12
Hanuman retrouve Sita

A la vue de la merveilleuse cité de Lanka, Hanuman fut saisi d'étonnement. Jamais il ne s'était attendu à tant de beauté ! Ravana avait sûrement pris pour modèle la fameuse demeure du dieu Indra, Amaravadi !

Il faisait presque nuit quand il arriva. L'obscurité enveloppait la ville. Ne voulant pas donner l'éveil, Hanuman réduisit sa taille à celle d'un petit singe ordinaire. Il pourrait ainsi entreprendre une visite rapide des lieux. Il fallait se déplacer discrètement pour éviter de tomber aux mains des rakshasas, s'il ne voulait pas ruiner ainsi ses chances de retrouver Sita. En outre, il aurait été stupide de s'attirer des ennuis ; les rakshasas paraissaient bien armés. Hanuman se glissait donc avec la souple agilité d'un chat, explorant les moindres recoins de la ville, à la recherche de la bien-aimée de Rama. Ce faisant, il ne manquait pas d'observer ni de mesurer la puissance et la force de l'ennemi.

Tout témoignait d'une cité riche et prospère. Il était clair que les citoyens de Lanka ne manquaient de rien. Partout où il passait, Hanuman vit des signes de richesse et de gloire. Les palais, les jardins et les théâtres étaient en grand nombre. Les gens étaient richement vêtus et se déplaçaient dans les rues en groupes joyeux. Hanuman surprit des hommes et des femmes dans une attitude de libre abandon.

La ville semblait bien fortifiée et entourée de fossés de tous côtés. Guerriers et soldats arpentaient la cité dans leurs uniformes rutilants, en faisant claquer leurs armes sur le pavé. Autant qu'il pût en juger, les rakshasas possédaient d'innombrables usines de lance-pierres et d'armures. Des armées de chevaux et d'éléphants remplissaient les étables. On voyait toutes sortes de chars.

Devant tant de signes de l'habileté et de la science des rakshasas, Hanuman commença à s'émerveiller de leur puissance, en temps de paix comme en temps de guerre. En effet, non seulement on rencontrait des soldats armés dans les rues, mais on pouvait entendre des chants et de la musique s'échapper des maisons. Ce peuple semblait courageux, religieux, instruit et cultivé. Hanuman entendit réciter des *mantras*. Il vit également des rites et des sacrifices offerts avec une grande ferveur. La silhouette des *gopurams* des temples donnait à la cité une atmosphère d'enchantement et Hanuman, ravi, écoutait le son mélodieux de leurs cloches...

Les démons eux-mêmes montraient une grande variété de formes, de tailles et de couleurs. Certains étaient laids, d'autres de belle apparence. Les uns étaient grands, à la peau sombre, alors que d'autres semblaient petits, au teint plus clair. Quelques rakshasis étaient d'une rare beauté. Hanuman en vit un grand nombre sur les terrasses et aux fenêtres des palais, mais il avait la certitude que Sita ne se trouvait pas parmi elles. Où était-elle ? Son regard pénétrait à l'intérieur des maisons, se glissait dans l'embrasure des portes et des fenêtres entrouvertes : Sita n'était nulle part.

Hanuman était las. Il avait traversé l'océan plein d'enthousiasme. Il avait cherché partout où cela était possible. Mais en vain. Sita n'était nulle part. Comment pourrait-il affronter le roi s'il retournait maintenant ? Sugriva ordonnerait sa mort, sans aucun doute. Quant à Rama, il mettrait fin à ses jours lorsqu'il apprendrait qu'on n'avait pas retrouvé Sita. Hanuman était au désespoir.

La vue de Lanka et de ses murs fortifiés ajoutait également à son anxiété. Il se demandait si l'armée des singes pourrait se mesurer aux rakshasas si puissants. Il décida de donner à Sugriva tous les détails sur cette énorme et inexpugnable citadelle. Il devait l'avertir de la puissance de l'ennemi.

Il souhaita alors faire un dernier essai pour retrouver Sita. Elle devait être quelque part à proximité du palais royal. Un palais splendide, orné de dômes et de tourelles d'or, se dressait justement devant lui. « Ce doit être le palais de Ravana, se dit Hanuman. Peut-être Sita y est-elle enfermée ? » Et il se hâta d'y pénétrer.

Le vanara fut ébloui par sa splendeur. Des colonnes d'or supportaient les grandes arches du toit et des sculptures d'argent recouvraient les murs. Les plafonds avaient la couleur du saphir et le sol était une mosaïque de pierres précieuses multicolores. D'immenses chandeliers, pareils à des diamants, pendaient du plafond et scintillaient comme des joyaux. De jolies femmes, richement parées, reposaient sur des couches moelleuses ; les unes riaient, d'autres bavardaient ou jouaient de la

vina. Hanuman les observa toutes attentivement. Son regard allait de l'une à l'autre : aucune d'elles ne pouvait être Sita ! « Sita serait-elle heureuse loin de Rama ? Pourrait-elle rire et jouer, séparée de son bien-aimé ? Sûrement pas », pensait Hanuman. C'étaient là les épouses de Ravana. Hanuman continua sa recherche.

Alors, allongé sur un lit énorme, lui-même posé sur quatre piliers, le roi de Lanka, le démon aux dix têtes, lui apparut. Hanuman fut stupéfait devant la force émanant du monstre endormi. Quelle poitrine ! Quels bras énormes ! « Quelle ardeur doit être la sienne au combat ! » pensa-t-il. Le singe pouvait voir les cicatrices bardant le visage et la poitrine de ce grand guerrier, signes des batailles qu'il avait soutenues. C'était là un ennemi digne de

considération. Malgré lui, Hanuman ne put s'empêcher d'admirer ce démon renommé dans les trois mondes et redouté par les dieux eux-mêmes.

Une fois encore, Hanuman était sur le point d'abandonner sa quête. Las et découragé, il sortit du palais de Ravana, ne sachant plus où diriger ses pas. Puis soudain, après avoir passé le seuil des grandes portes, son regard fut attiré par les jardins d'Ashoka. Il ne se rappelait pas les avoir encore visités. « Peut-être Sita est-elle là, se dit-il, plongée dans sa peine au milieu de ces agréables bosquets ? » Et, d'un bond agile, il franchit le mur d'enceinte des jardins.

Ils étaient magnifiques. Hanuman sautait d'une branche à l'autre et la rosée qui tombait des feuilles humides pénétrait son petit corps d'une fraîcheur délicieuse. Porté par la brise légère, le parfum des fleurs lui arrivait par bouffées. Les oiseaux, heureux, gazouillaient. Le lieu tout entier semblait baigner dans une paix bienfaisante. Soudain un pressentiment joyeux le saisit. Il murmura : « Peut-être Sita se trouve-t-elle ici ? » et regarda plus attentivement ce qui l'entourait. Il y avait de jolies fontaines où les oiseaux voletaient ; des arbres chargés de fruits l'invitaient à un banquet. Se sentant fatigué, il décida de se reposer dans l'un de ces arbres. Puis, comme il s'abritait au milieu des feuilles, il aperçut en bas quelque chose qui brillait. Qu'était-ce ? Il se rapprocha.

Là, au pied de l'arbre, les cheveux défaits, le visage en larmes, les vêtements en loques, lui apparût la plus belle jeune femme qu'il eût jamais vue. Elle se lamentait et ne cessait de répéter le nom de Rama avec les accents les plus tendres. « Sita, enfin ! » se dit Hanuman avec un soupir de joie profonde. Sita était assise sur un siège d'or qui avait été construit autour de l'arbre, entourée d'une cour d'horribles rakshasis. Mais elle semblait ne rien voir. Les yeux vagues, le regard lointain, il était clair qu'elle priait et attendait Rama. Ses lèvres remuaient dans un murmure incessant : « Rama, Rama ! » Hanuman fut touché par le sort misérable de la princesse d'Ayodhya, par son désespoir profond. « Combien elle a dû souffrir et comme ces démones ont dû la torturer ! » se dit-il, en regardant les rakshasis.

Le vanara se demandait comment il allait pouvoir aborder Sita quand le son des trompettes éclata de toutes parts. Les lambeaux d'une aube grise apparaissaient entre les arbres, le jour se levait doucement. Ravana venait voir Sita, sa première occupation de la journée. Des trompettes annonçaient sa venue. Il arrivait avec toute sa cour et une nombreuse suite, l'allure fière dans ses habits de guerrier. Une ombrelle blanche dissimulait ses traits. En voyant Sita, son regard s'alluma. Sita eut un mouvement de recul et se mit à trembler.

– Chère Sita, pourquoi as-tu peur de moi ? Tu sais que je t'aime et que je suis à tes ordres. Il te suffit de parler et j'obéirai. Mes richesses, mon royaume, ma vie t'appartiennent ; tu peux en dispo-

ser à ta guise. Pourquoi me craindre ? Rama, ce simple mortel, n'est pas digne de toi. Oublie-le. Jamais il ne pourra arriver jusqu'à Lanka et tu ne le reverras plus. Pourquoi te désoler pour lui ? Tu perds en vain ta jeunesse et ta beauté. Cesse de te lamenter ! Vois comme tu ruines ta santé par le jeûne et les pleurs ! Et pourtant, même avec ton petit visage et tes joues striées de larmes, tu es pour moi la plus désirable des femmes. Allons, viens ! Dis que tu seras mienne ! la suppliait Ravana, le puissant roi de Lanka.

Alors Sita se mit à rire, d'un petit rire méprisant.

– Comment oses-tu te comparer à Rama ? Tu es un rakshasa qui a obtenu les faveurs du dieu Brahma. Tu es tout-puissant, tu possèdes des charmes magiques et des armes secrètes, mais rien de tout cela ne pourra te sauver de la flèche de Rama. Tu tomberas sous les coups de mon bien-aimé, toi et tous ceux de ton clan. Pas un seul d'entre vous n'échappera à la précision de ses traits acérés. Je te conjure de changer d'attitude. Il est encore temps de réparer tes torts. Ne provoque pas la colère de Rama car, je t'en avertis, il viendra et te détruira, toi et toute la cité de Lanka.

Ces fières paroles exaspérèrent encore davantage Ravana.

– Sita, si tu es encore en vie, c'est à mon indulgence que tu le dois ; autrement, tu serais déjà morte pour m'avoir ainsi parlé ! Mais fais attention ! Moi aussi, je te mets en garde. Si tu persistes à ne pas me satisfaire, je te transformerai en un mets de choix pour mon dîner !

Sur ces mots Ravana prit congé de Sita. Sous le coup de colère son visage était devenu cramoisi. Jamais encore une simple femme n'avait osé le traiter ainsi. Toutes celles qu'il avait courtisées jusqu'alors n'avaient été que trop heureuses d'honorer le roi de Lanka.

Après son départ, les démones qui gardaient Sita se jetèrent sur elle.

– Femme stupide, dit l'une d'elles, comment oses-tu insulter notre roi de la sorte ? Tu n'es qu'une petite prétentieuse ! Ne sais-tu pas que Ravana est le descendant du grand rishi Paulatsya et que son père était le sage Vishravas ? Et lui-même s'est acquis les faveurs des dieux par son ascétisme. Il est grand et puissant. Quelle folle es-tu de l'avoir repoussé !

– C'est une simple d'esprit ! dit une autre démone. Imagine plutôt ! Il est prêt à la considérer comme sa favorite.

– Oui, il lui a même promis son royaume et ses richesses. Tu es une misérable, une sans cœur, lança une troisième.

– Laisse-la, dit une quatrième. Nous la mangerons quand le temps sera venu et que le roi sera fatigué d'elle.

Hanuman était fortement tenté de corriger les tortionnaires de Sita, mais il se retint en pensant qu'il gâcherait tout s'il entamait maintenant une querelle avec les démones. Il se demandait pour l'instant comme il allait se présenter devant la princesse. Elle le soupçonnerait certainement. Voyant un singe apparaître brutalement devant elle, et lui adresser la parole en langage humain, elle le prendrait – il en était sûr – pour un rakshasa déguisé. Qui ne le penserait à sa place ? Comment allait-il lui expliquer que les singes de Kishkinda possédaient des dons exceptionnels et divins ? Hanuman réfléchit longuement à la conduite à tenir.

Cependant les démones continuaient de tourmenter Sita. Elles la persécutaient et menaçaient de la dévorer, si elle ne cédait pas aux avances de Ravana. Jusqu'alors, Sita leur avait fait face avec courage, mais à présent elle sentait une grande lassitude. Elle commençait à perdre tout espoir de revoir jamais Rama. « Plutôt mourir, pensa-t-elle, que tomber aux mains de Ravana ! »

Il était minuit. Les démones s'étaient endormies. Calmement Sita se leva et se prépara à mourir, en se pendant à l'une des branches de l'arbre. Au même moment, elle entendit une voix douce qui chantait avec des accents raffinés l'histoire de Rama. Étonnée, elle écouta. Qui cela pouvait-il être ?

« Rama, prince d'Ayodhya, accompagné de son épouse Sita et de son frère Lakshmana, s'exila pour tenir la promesse faite à son père... » Ainsi commençait le conte, et la voix mélodieuse poursuivait son récit en racontant l'enlèvement de Sita et la rencontre de Rama avec Sugriva.

Rêvait-elle ou quelqu'un chantait-il réellement les exploits de son bien-aimé ?

« Rama est un grand archer. Il est vaillant, fort et loyal... il vient au secours de ses amis... sa vue seule fait trembler l'ennemi... Je vois son visage de lotus, son regard sombre et tendre... ses bras d'où se dégage une force tranquille... je le vois qui marche... son allure majestueuse est celle de l'éléphant sauvage... »

Ainsi chantait Hanuman tout en se laissant glisser le long de l'arbre. Arrivé devant Sita, il s'inclina profondément. Sita, de plus en plus étonnée et légèrement effrayée, le regardait. Tout cela était-il réel ? Était-ce un message de Rama ? Non... non, bien sûr, c'était encore un piège de Ravana. Elle se mit à crier :

– Que signifie tout cela, Ravana ? Mes réponses ne t'ont-elles pas satisfait ? Pourquoi me torturer encore ?

– O *devi,* tu te trompes, dit Hanuman d'un ton humble. Je ne suis pas Ravana. Je suis réellement ce que tu vois, un simple singe. Je suis le messager de Rama, ton époux. Mon nom est Hanuman. Je suis le ministre de Sugriva, le roi des singes. J'attendais, caché dans cet arbre, l'opportunité de te voir seule. Les démones se sont endormies et nous pouvons maintenant parler sans crainte d'être dérangés.

Sita n'en croyait pas ses oreilles. Se pouvait-il que le jour de sa délivrance approchât ? Était-ce réellement un messager de Rama qui se tenait là, devant elle ? Comment un simple singe pouvait-il parler ? Comment avait-il pu traverser l'océan ? Pauvre Sita ! Elle avait été si cruellement abusée qu'elle ne pouvait plus faire confiance à ses yeux. Comment aurait-elle pu oublier la prétendue biche et la situation présente ?

Hanuman essaya de ranimer sa confiance en lui décrivant le chagrin de Rama, sa colère et sa détermination à tuer Ravana. Mais le regard de Sita montrait qu'elle doutait encore. Alors, d'une main tremblante, Hanuman mit devant elle l'anneau de Rama. A sa vue, Sita fut transportée de joie. Elle le prit, le serra contre son cœur, le porta à ses lèvres, en remerciant encore et encore son messager.

– Cher Hanuman, pardonne-moi d'avoir douté de toi. Je ne pouvais m'en empêcher, car j'ai été cruellement déçue. Dis-moi qui tu es et comment tu as rencontré Rama. Où se trouve-t-il à présent et quand viendra-t-il me délivrer ?

Hanuman répondit en détail à toutes ses questions et lui fit le récit de la rencontre entre Rama et Sugriva. Il lui dit aussi leur pacte d'amitié.

– Cesse de t'affliger, ô devi ! lui dit-il. Tes mauvais jours seront bientôt finis. Rama va venir. Il tuera Ravana et la paix reviendra dans ton cœur. Je t'en fais le serment : j'irai droit vers Rama pour lui donner de tes nouvelles. Quand il connaîtra toutes tes souffrances, il viendra sans plus tarder. Sugriva, mon souverain, est son allié et possède une puissante armée de vanaras, tous doués de pouvoirs surnaturels. Moi-même, qui suis le fils du vent, je peux augmenter ou diminuer ma taille à volonté.

En disant ces mots, Hanuman se mit à grandir démesurément.

– Vois, ô devi ! C'est ainsi, en prenant une taille gigantesque que j'ai pu d'un bon prodigieux traverser l'océan et atteindre Lanka. Les vanaras de l'armée de Sugriva sont plus forts et plus puissants que moi. Ne crains rien. Nous détruirons les rakshasas. Je connais certes leur puissance, j'ai visité Lanka. Pourtant, je t'en fais le serment, nous les détruirons jusqu'au dernier !

Hanuman parlait avec une telle conviction que Sita sentit sa confiance renaître. Elle commençait à croire à une délivrance prochaine.

– Dis à Rama d'agir vite. Ravana m'a menacée de mort si je refuse d'être sa reine. Des douze mois de délai qu'il m'a accordés, onze sont déjà achevés ; il n'en reste plus qu'un. S'il arrive trop tard, Rama ne me verra plus vivante.

En disant ces mots, Sita éclata en sanglots.

– Courage, ô devi ! lui dit Hanuman. Nous serons bientôt là. Je pars sur-le-champ retrouver Rama. Permets-moi de prendre congé.

A la pensée de se séparer de son nouvel ami, les pleurs de Sita redoublèrent.

– Comment pourrai-je supporter de nouveau la solitude maintenant que j'ai trouvé un ami ? dit-elle au fidèle Hanuman.

Alors Hanuman eut une idée.

– Laisse-moi t'emmener, proposa-t-il à Sita. Monte sur mes épaules et je te ferai traverser l'océan.

Sita secoua tristement la tête.

– Je ne crois pas que ce soit une bonne solution, avoua-t-elle. Les rakshasas essaieraient de nous arrêter ; tu devrais alors te défendre et ma présence gênerait tes mouvements. En outre, il appartient à Rama seul de venir me délivrer. Retourner avec toi serait l'empêcher d'accomplir cette tâche. Le monde dirait que Rama n'a pas été capable de combattre Ravana ni de venger son honneur. Rama doit me reconquérir par les armes. Retourne vers lui, cher messager, et encourage-le à venir promptement.

Hanuman sentit la vérité de ces paroles et prit tristement congé. Il lui en coûtait d'abandonner la belle princesse aux mains de ces horribles démones. Au cours du bref entretien qu'ils avaient eu ensemble, Hanuman avait appris à considérer Sita avec une affection mêlée de respect. Il se sentait prêt à donner sa vie pour elle. Quelle grâce était la sienne ! Quel charme et surtout quel amour elle avait montrés pour son cher seigneur ! Le singe soupira. Quel maître il avait trouvé en Rama ! Et quelle maîtresse en Sita !

Sita lui transmit également des messages pour Lakshmana et pour Sugriva, l'ami de Rama. A Rama elle donnait son cœur pour la millième fois.

Lui tendant une perle qui retenait sa chevelure sur son front délicat, Sita dit à Hanuman :

– Prends cet ornement et porte-le à mon seigneur, en lui rappelant les jours merveilleux de notre amour, à Panchavati. Et ramène-le vite à mes côtés, cher Hanuman. Tu es bien le plus fidèle messager que je connaisse.

Ces derniers mots, c'en était trop pour le tendre Hanuman ! La pensée de Ravana et de sa vaniteuse prétention lui revint en mémoire et il décida de lui donner une leçon, un avant-goût, en quelque sorte, de ce qui l'attendait avec l'armée des vanaras et l'arrivée de Rama. Il entreprit de détruire le verger, les résidences d'été et les fontaines des jardins d'Ashoka. Atteignant rapidement une taille démesurée, il se mit à déraciner les arbres et à abattre les bâtiments. Puis, montant sur leurs décombres, il appela les rakshasas en les provoquant au combat.

Le bruit inhabituel provoqué par la chute des murs et des arbres jeta un trouble parmi les habitants de Lanka. Les gardiens des jardins d'Ashoka se précipitèrent dans le palais de Ravana :

– Sire, un singe énorme est en train de dévaster vos jardins d'été ! s'écria le Premier ministre.

13
Les préparatifs de guerre

Hanuman s'était assis sur les ruines de l'une des résidences d'été. Quand il vit les démons de Ravana se diriger vers lui, il augmenta encore sa taille gigantesque ; puis, saisissant son énorme queue, il la frappa contre le sol en poussant un terrible cri de guerre.

– Sus au combat ! hurla-t-il en provoquant les rakshasas qui s'avançaient vers lui, armés jusqu'aux dents. Quant à lui, il n'avait pas besoin d'armes. Ici déracinant un arbre, là brandissant un rocher, il les maniait contre ses assaillants avec la plus grande vigueur. Enfin, arrachant de toute sa force un pilier de fer qui se trouvait parmi les ruines, il s'en servit comme d'une massue pour assommer les rakshasas. De plus en plus grand, de plus en plus fort, il en vint rapidement à bout.

Ravana lui envoya alors un fameux guerrier, du nom de Jambumali. Hanuman, saisissant un arbre qui était à sa portée, se prépara à l'attaque. Puis il se jeta sur lui en criant :

– Longue vie à Rama ! Longue vie à Sugriva !

Jambumali, qui était un bon soldat, se défendit

courageusement. Mais Hanuman, d'un bond prodigieux, atterrit sur lui avec un bruit mat, réduisant son char en miettes et son ennemi en bouillie.

Les rakshasas étaient abasourdis par la force d'Hanuman. Ils ignoraient qu'il était le fils du vent ! Dans leur frayeur, ils coururent informer leur roi de cet ennemi exceptionnel.

Ravana, d'abord surpris, comprit qu'Hanuman n'était pas un singe ordinaire. « Ce doit être un tour des devas », pensa-t-il. Aussi décida-t-il d'envoyer contre cette bête puissante Aksha, le plus jeune de ses fils.

Aksha était courageux. On disait de lui qu'il était l'égal de Ravana lui-même. Il arriva devant Hanuman dans un char splendide, conduit par huit chevaux. Le char avait la couleur de l'or et les chevaux celle de l'argent. Le jeune prince rakshasa lui-même irradiait une lumière surnaturelle. Il se battit contre Hanuman avec une telle fougue que ce dernier se sentit désolé de devoir le tuer. Il essaya de l'effrayer mais sans y réussir. Le prince, plein de bravoure, déversait sur lui un jet ininterrompu de flèches.

Comme le combat se poursuivait, Hanuman se mit à devenir de plus en plus grand, de plus en plus fort. S'élevant dans les airs, le singe arrêtait aisément les flèches d'Aksha : elles se brisaient contre les projectiles, rochers et troncs d'arbre, qu'Hanuman lui envoyait. Suivit une pluie de pierres qui réduisit en miettes le char du prince. Aksha, debout sur le sol, continuait à se battre, décochant contre le singe ses traits les plus cruels. Mais Hanuman ne paraissait pas s'en soucier ! Son corps semblait fait d'acier !

Alors Aksha décida lui aussi de poursuivre la lutte dans les airs. Se servant de ses pouvoirs de rakshasa, il s'éleva à la hauteur d'Hanuman et, l'épée à la main, il défia le singe en un combat ultime, fantastique. Mais il fut bientôt terrassé par les attaques continuelles de son adversaire. Incapable de résister davantage, le prince poussa un grand cri et s'effondra sur le sol, mortellement blessé.

Apprenant la mort d'Aksha, et bien que ravagé par la douleur, Ravana n'hésita pas à envoyer son autre fils Indrajit, un guerrier également fameux, sur les lieux du combat, dans le but d'exterminer le singe prodigieux.

– Va, mon fils ! Hâte-toi ! lui dit Ravana. Qui peut te résister si tu es vraiment décidé à vaincre ? Les dieux eux-mêmes fuient devant toi. Tu as vaincu Indra et en a fait ton prisonnier. Ce n'est pas sans raison que l'on t'appelle Indrajit, le Vainqueur d'Indra. Tu as une grande connaissance des charmes magiques et tu as reçu du dieu Brahma, par la ferveur de tes prières, des dons inestimables. Il est certain que nul ne peut soutenir ton assaut. Va, Indrajit, et reviens victorieux. J'ai l'impression que ce singe n'est pas un ennemi ordinaire. Sinon, il n'aurait pu tuer Aksha. Les armes généralement utilisées au combat restent sans effet sur lui. Il est possible que tu doives te servir de tes armes secrètes. Ne l'oublie pas quand tu combattras et ne perds pas ton sang-froid.

Tel fut le conseil avisé de Ravana à son fils Indrajit, le Vainqueur. Ce dernier le quitta avec l'enthousiasme du guerrier qui part au combat en sachant qu'il reviendra victorieux. A cheval et tout en armes, il se présenta à l'entrée des jardins.

A la vue d'Indrajit, Hanuman bondit de joie. « Voici enfin un ennemi digne de ce nom ! » se dit-il. Sa silhouette de géant se profilait sur le ciel sombre. Il arracha encore plus d'arbres et prit pour armes les piliers qui avaient soutenu la porte voisine. Indrajit commença par déverser une pluie de flèches sur Hanuman mais elles furent simplement détournées. Le prince fut étonné par ce miracle : jusqu'alors il avait vu peu de guerriers capables de résister à l'assaut de ses traits ! Les paroles de son père lui revinrent en mémoire ; Ravana avait raison : ses flèches n'avaient pas l'air de gêner le moins du monde cet animal ! En outre, il ne se servait pour combattre d'aucune arme. Comme Indrajit s'en faisait la remarque, un énorme rocher roula sur son char et tua son cocher. Indrajit décida de ne plus perdre de temps. Il invoqua le dieu Brahma, récita quelques versets, prit une flèche et visa Hanuman au cœur.

Au même moment, le fils du vent sentit une force invisible qui le retenait prisonnier. Arrêtant le combat, il fit un vol plané et tomba sur le sol, inanimé. Il savait qu'Indrajit s'était rendu maître de lui grâce au pouvoir magique de la flèche du dieu Brahma. Mais il savait aussi que cette flèche n'aurait qu'une action limitée sur lui et qu'elle ne pourrait le retenir prisonnier plus d'une heure.

Heureux et soulagés, les rakshasas poussèrent de grands cris de victoire.

– Gloire à notre prince Indrajit le Vainqueur, le plus brillant des héros !

Puis ils tirèrent l'énorme singe et le traînèrent jusqu'au trône de Ravana. Hanuman supporta tranquillement leurs insultes. Il se soumit à leurs tortures en pensant que le moment était venu pour lui de remplir son rôle de messager auprès de Ravana. On le mena en présence de Sa Majesté.

Resplendissant dans toute sa gloire, Ravana était assis sur son trône de pierres précieuses. De nombreux et puissants rakshasas l'entouraient : Indrajit le Vainqueur, Vibhishana le Vertueux, Brihasta, le commandant en chef des armées de démons, tous étaient là, dans leurs armures étincelantes. Hanuman fut ébloui par tant de richesse et de gloire. Tout en contemplant cette noble assemblée, il pensait : « Hélas ! Pauvre Ravana ! Comme il a changé ! Il a certainement dû être bon dans le passé pour obtenir les faveurs du dieu Brahma, mais le pouvoir l'a rendu arrogant. Il a osé défier Rama ! » Une voix de tonnerre le fit sortir de sa rêverie. Ravana l'interpellait :

– Qui es-tu, toi, singe stupide ? Qui t'a donné la permission de pénétrer dans mes jardins ? Est-ce Indra qui t'a envoyé ou bien Kubera ? Qui que ce soit, c'est folie de sa part !

Hanuman ne perdit rien de sa contenance tranquille.

– Je ne suis pas un envoyé des dieux, dit-il d'un ton calme. Je viens de Kishkinda. Mon roi est Sugriva, le roi des singes, et je suis le messager de Rama, l'ami de Sugriva. Il m'a envoyé à la recherche de Sita la Belle. Je l'ai trouvée dans tes jardins, qui pleure la perte de son seigneur. Rama et Sugriva ont conclu un pacte d'alliance. Ils sont décidés à exterminer la race des rakshasas. Laisse-moi t'avertir, ô roi de Lanka, que tu es perdu. Si tu souhaites échapper à ton sort, rends Sita à son fidèle époux. Sinon, Lanka sera détruite ainsi que tous ses habitants. Tu as commis un acte déloyal indigne d'un roi : tu as usurpé la femme d'un autre. Par un tel acte, tu t'es déshonoré. Ravana, je t'en conjure, renvoie Sita à Rama. Ne sois pas cause de ta propre destruction. En agissant ainsi, tu annules toutes tes bonnes actions passées et la ferveur de tes prières. Tes pouvoirs ne te seront plus maintenant d'aucun secours.

Les paroles méprisantes du singe rendirent le roi de Lanka fou furieux.

– Qu'on emmène ce singe et qu'on le tue immédiatement ! ordonna le roi à ses soldats.

Vibhishana, le plus jeune frère de Ravana, intervint :

– Il ne convient pas à un roi de traiter ainsi le messager d'un autre souverain. Si tu es offensé, provoque ton ennemi au combat. A quoi te servirait-il de tuer ce singe, un simple messager ? Laisse-le partir et informer Rama de ta colère. Ce prince vien-

dra certainement nous attaquer, et nous lui montrerons alors notre vaillance et notre force.

Les paroles de Vibhishana firent leur effet. Ravana donna l'ordre à ses serviteurs d'enflammer la queue du singe et de le laisser partir. Les rakshasas, qui aimaient à tourmenter l'énorme animal qui leur avait causé tant de dégâts, se mirent joyeusement à enrouler des chiffons autour de sa queue. Mais quel fait étrange ! Plus ils l'enveloppaient et plus la queue s'allongeait. Il leur sembla qu'ils n'en finiraient jamais ! Enfin, ils arrivèrent au bout ; ils la trempèrent dans l'huile et y mirent le feu. Puis ils se jetèrent sur Hanuman, le rouèrent de coups et, l'ayant chargé de chaînes, ils le traînèrent dans les rues de Lanka. En le voyant passer, les habitants sortaient sur le seuil de leurs portes, le huaient et se

moquaient de lui. Ils se réjouissaient dans leurs cœurs de voir le malheureux singe enfin dompté et enchaîné. Hanuman se soumit calmement à toutes leurs tortures. Il pensait qu'il avait maintenant la possibilité d'observer la cité en détail : ses fortifications, ses remparts et ses fossés, ses dépôts secrets de munitions, ses usines de lance-pierres... Il grava dans sa mémoire tout ce qu'il voyait, se promettant d'en faire un rapport détaillé au roi Sugriva. Incidemment, il s'étonna de ne ressentir aucune douleur dans sa queue enflammée. Au contraire, il avait une sensation de bien-être et de fraîcheur délicieuse.

Soudain, il en eut assez. Il secoua ses chaînes et, d'un mouvement brusque, il se débarrassa comme de simples mouches des rakshasas qui s'accrochaient à son dos. Puis, à pas de géant, il se dirigea vers la mer. Tout en marchant, il balayait l'air de sa queue enflammée, ce qui eut pour effet de mettre le feu à la cité de Lanka.

Cela déclencha une véritable panique. Les habitants sortaient des maisons. D'énormes bâtiments, des palais, des temples commençaient à s'écrouler. Un incendie gigantesque ravageait Lanka. Valmiki donne une description sinistre de la cité en flammes.

Comme le singe enjambait les ruines carbonisées, la pensée soudaine de Sita lui traversa l'esprit et son cœur se serra. « Quelle folie d'avoir mis le feu à la cité ! se dit-il. Sita a-t-ellc été épargnée ou bien a-t-elle péri, brûlée vive dans l'incendie ? » Dans sa colère et son désir de vengeance contre les rakshasas, Hanuman avait oublié la sécurité de Sita. Très anxieux, il revint sur ses pas et se mit à sa recherche. Il la trouva enfin dans les jardins d'Ashoka. O merveille ! O miracle ! Sita était vivante ! Dès qu'elle le vit, elle sourit bravement à travers ses larmes et lui dit :

– On m'a raconté ce qu'ils ont fait à ta queue. J'ai prié le dieu du feu de t'épargner. Est-ce que tout va bien ? lui demanda-t-elle.

Hanuman s'inclina devant elle. Il savait maintenant que c'étaient les prières de Sita qui l'avaient sauvé des brûlures du feu.

– Dieu merci, te voilà saine et sauve ! répondit Hanuman. Comment le feu pourrait-il t'atteindre, toi qui brûles de la lumière la plus pure, celle des grandes âmes ? ajouta-t-il, le regard brillant d'une fervente admiration.

Il prit bientôt congé d'elle, lui promettant de revenir au plus vite avec Rama et l'armée des singes.

– Hâte-toi, dit Sita, rappelle-toi que mes jours sont comptés.

Hanuman la quitta à regret et se prépara à traverser la mer une fois encore. Arrivé sur le rivage, il s'arrêta un moment pour tremper sa queue dans l'eau. « Il me faut retourner aussi vite que possible », se dit-il. Ayant trouvé dans le voisinage une petite colline, il y grimpa et prit son élan.

Quand les singes qui l'attendaient sur la rive opposée aperçurent l'énorme silhouette d'Hanuman se profiler dans le lointain, ils se mirent à pousser des hurlements de joie.

Hanuman à son tour, entendant ces cris joyeux résonner parmi les rochers, leur répondit par un puissant grognement. A ce signe, les singes bondirent d'allégresse. Ils en étaient sûrs, maintenant, Hanuman avait réussi sa mission ! Ils se pressèrent en foule sur le pic montagneux où le singe prodigieux devait se poser.

Jambavan, l'un des plus vieux ours de sa division dans l'armée de Sugriva, accueillit Hanuman chaleureusement.

– Je l'ai vue ! criait le singe, au milieu des acclamations. Je l'ai vue et je lui ai parlé, dit-il avec un air d'heureuse satisfaction.

– Raconte ! Raconte ! s'écria Angada.

Les autres singes s'étaient rapprochés et entouraient Hanuman qui, par cet exploit, venait de conquérir une gloire immortelle. Il leur fit un récit détaillé de ses aventures, des périls qu'il avait rencontrés, de la scène des jardins d'Ashoka, du combat contre les rakshasas et de l'incendie de Lanka. Pour conclure, il leur dit :

– Tout cela, mes chers compagnons, je le dois à Sita la Belle. Ce sont ses prières et son courage qui m'ont valu l'aide des dieux sans laquelle ma tâche n'aurait pu s'accomplir. O chers amis ! Comment pourrais-je vous décrire la beauté de l'épouse de Rama ? Comment vous dire sa désolation et l'éclat divin de son regard ? Comme je suis heureux d'avoir pu, le premier, la contempler ! O chers, chers amis ! Sita est au désespoir. Nous devons nous hâter d'aller la secourir.

– Allons vite retrouver le roi Sugriva et lui rapporter ces événements, afin de pouvoir partir pour Lanka sans perdre de temps ! s'écrièrent les singes.

La division des singes se mit en marche vers Kishkinda. Ils allaient comme le vent. Ils enjambaient les rivières, gravissaient les collines, traversaient les cours d'eau avec une telle rapidité qu'ils atteignirent Kishkinda en un temps record.

Or, aux abords de la jolie ville de Kishkinda, se

trouvait un vignoble magnifique. C'était là que poussait le raisin délicieux réservé à la table royale. Les hordes de singes y pénétrèrent en poussant des cris de joyeuse excitation :

– Hourra ! Youpi !

En un clin d'œil, le vignoble fut dévasté : le vin bu, les raisins mangés, les gardes assommés. Ceux qui avaient pu leur échapper s'empressèrent d'aller informer le roi Sugriva de ces événements inquiétants.

– Des singes appartenant aux troupes royales ont dévasté le vignoble de Sa Majesté, lui dirent-ils. Ils semblent euphoriques.

A cette nouvelle, le front soucieux de Sugriva se détendit et un sourire éclaira son visage.

– Je vois que nos soldats sont de joyeuse humeur, dit-il. C'est certainement leur victoire qui leur a donné soif !

Il se rendit en hâte à la grotte où vivait Rama pour lui annoncer le succès de la division des singes envoyés vers le sud. Rama, Sugriva et Lakshmana sortirent à la rencontre d'Hanuman. Ils le trouvèrent en chemin.

– Je l'ai vue, cher Rama, dit Hanuman en s'inclinant devant lui avec respect.

Puis il plaça dans ses mains le bijou qui avait orné la chevelure de Sita. Quand Rama aperçut l'ornement qu'il avait vu si souvent briller dans les tresses sombres de sa bien-aimée, un flot de larmes de joie le submergea. Un million de souvenirs l'assaillaient.

– O Hanuman, le plus fidèle des amis, comment pourrais-je jamais te remercier ! Tu viens de me redonner la vie. Ayant perdu tout espoir de revoir Sita, je m'apprêtais à mourir, dit ce vaillant héros.

Alors, saisissant le corps rude et chevelu du fidèle vanara, il le serra chaleureusement. Lakshmana, qui se tenait à ses côtés, était transporté de joie.

– Dis-moi, s'écria Rama. Où l'as-tu vue ? Comment l'as-tu trouvée ? Est-ce que les rakshasas lui mènent la vie dure ? Dis-moi, j'ai hâte de t'entendre.

Une nouvelle fois, Hanuman raconta ses aventures.

– Rama, je ne peux te décrire à quel point Sita souffre de votre séparation. Un groupe de démones la garde nuit et jour. Elles ne cessent de la harceler pour qu'elle cède aux avances de Ravana le Terrible. Sita leur résiste de toutes ses forces. Elle répète encore et encore ton nom et pleure amèrement. Dès qu'elle m'a vu, elle m'a demandé pourquoi tu n'étais pas encore venu la délivrer. « Pourquoi Rama tarde-t-il ? Dis-lui de se hâter. Je n'ai plus qu'un mois à vivre. » Tels sont les mots de ton épouse bien-aimée. Rama, il me semble qu'il serait sage de convoquer un conseil de guerre sur-le-champ.

Sugriva saisit le sens des paroles d'Hanuman. Bientôt la cité de Kishkinda retentit des cris de guerre de milliers de singes. Sugriva prépara son armée avec le plus grand soin. Il la partagea en divisions de singes et d'ours, lui-même se proposant d'être leur chef commun. Il choisit les meilleurs de ses soldats, les plus forts et les plus courageux. Il se faisait un point d'honneur de remporter la victoire. Hanuman fit à Rama et à Sugriva un rapport complet des forces et des défenses de l'ennemi. Il leur parla de la richesse et de la puissance de Lanka, des charmes magiques des rakshasas et de leurs armes secrètes. Il dévoila leurs dépôts cachés d'armes et de munitions, leur entraînement, leur adresse au combat. Il donna des témoignages sur la force de leur armée, le nombre de leurs éléphants et de leurs chevaux. Il leur parla dans des termes précis de la valeur guerrière de ces démons, en particulier de celle d'Indrajit le Vainqueur. Il leur fit enfin un brillant portrait de Ravana le Terrible, ce démon sans pareil, redouté par les dieux eux-mêmes. Il ajouta que les rakshasas aimaient et respectaient leur roi et qu'ils étaient prêts à combattre pour lui jusqu'à la mort.

Sugriva savait maintenant qu'assiéger la fameuse forteresse de Lanka ne serait pas une affaire de peu d'importance. Une dernière fois, il passa ses soldats en revue, les informant des manières sournoises des rakshasas au combat et leur disant comment déjouer leurs plans.

La grande armée de Sugriva était enfin prête et elle quitta Kishkinda, avec à sa tête Rama, Lakshmana et le roi des singes. Sur son passage s'élevaient d'énormes colonnes de poussière, le sol tremblait ; traversant les nuages, une bruyante clameur montait jusqu'au ciel.

Rama et Sugriva avaient donné des ordres stricts pour que les soldats ne troublent pas la paix des contrées traversées. Ils allaient combattre Ravana le Terrible. Pourquoi le peuple innocent aurait-il eu à souffrir pour une cause dont il n'était pas responsable ? Il serait bien temps de se battre lorsqu'on atteindrait Lanka !

L'armée des singes arriva sur le rivage. On décida d'y camper jusqu'à ce que Rama et Sugriva aient convenu de la prochaine étape. Le problème le plus délicat restait la traversée de l'océan. Comment allait-on le résoudre ? Les singes se comptaient par milliers et un petit nombre seulement d'entre eux pouvaient accomplir l'exploit d'Hanuman : sauter par-dessus l'océan ! Il fallait trouver un moyen de rejoindre l'autre rive. Or le temps pressait, on devait faire vite. Rama réfléchissait. Il pensait à Sita qui l'attendait de l'autre côté de la mer.

– Lakshmana, murmura-t-il à son frère bien-aimé, Sita est si proche et cependant si lointaine ! Je suis découragé. J'ai peur que notre armée ne puisse traverser à temps. Pourrai-je arriver avant que Ravana ne dévore ma chère Sita ? O, frère bien-aimé, comme je languis et comme je soupire après ma chère dame ! Il me semble entendre la brise légère de ce rivage murmurer son nom. Je sens sa douce caresse sur mes joues et j'écoute ses plaintes dans le gémissement des vagues de l'océan.

Une fois de plus, Lakshmana dut réconforter Rama.

Pendant ce temps, Sugriva avait placé des sentinelles tout autour du campement. Il les avertit :

– Soyez sur vos gardes. Les rakshasas pourraient envoyer des éclaireurs. L'ennemi se trouve juste de l'autre côté de la mer.

Sugriva ne se trompait pas. Parmi les singes se glissaient en effet des espions rakshasas. Ravana en avait envoyé tout un bataillon. Très préoccupé par le tour que prenaient les événements, il se demandait comment il allait repousser l'attaque de l'ennemi. Il avait connaissance de l'arrivée des hordes de singes et il savait qu'ils se préparaient à traverser l'océan.

14
Traverser l'océan

Ravana le Terrible avait rassemblé tous les grands du royaume – ses frères, ses fils, les chefs de son armée et ses ministres – dans l'immense salle de son palais, et il tenait un conseil de guerre. D'une voix forte et assurée, il s'exprima en ces termes :

– Je ne vous cacherai rien. Vous savez tous quel désastre le singe Hanuman a causé parmi nous et par là nous pouvons avoir une idée de la puissance de l'armée de Rama. On m'a rapporté qu'elle avait déjà atteint l'autre rive. Jour et nuit, mes espions m'informent de la marche de cette armée qui, disent-ils, est aussi vaste que l'océan. Pour ma part, je n'ai aucun doute sur l'issue du combat. La victoire nous appartient. Cependant j'aimerais avoir votre opinion, car je suis certain que, d'une façon ou d'une autre, Rama trouvera un moyen de traverser la mer et nous devons nous tenir prêts à le recevoir.

Les héros rakshasas exprimèrent alors leurs différents avis sur la bataille qui se préparait, chacun rivalisant d'arrogance avec le précédent pour expliquer au roi comment il allait vaincre l'ennemi.

– N'aie aucune crainte, ô roi, dit l'un d'eux. A moi seul, je m'engage à te débarrasser de l'ennemi.

– Je les provoquerai et les détruirai tous jusqu'au dernier, se venta Nikumba, le neveu de Ravana.

– Pourquoi nous inquiéter ? Envoyons simplement un bataillon de rakshasas sur l'autre rive. Après tout, ce ne sont que des singes ! dit Brihasta, le commandant en chef.

Alors Vibhishana le Vertueux se leva et parla d'une voix grave et mesurée :

– O roi, les paroles de tes amis sont très flatteuses. Ce sont de grands héros, sans aucun doute. Mais rappelle-toi Hanuman. Ce n'est pas un guerrier méprisable et nous avons tous vu de quoi il est capable. Il ne sert à rien de vouloir diminuer ses mérites ou d'ignorer ses exploits héroïques sous prétexte que c'est un simple singe. Considère en outre que tu as mal agi en amenant ici l'épouse de Rama. Nous n'avons aucun droit de combattre Rama quand il viendra la réclamer. Je te conseille donc de rendre Sita à Rama. C'est le seul moyen d'éviter la guerre et de retrouver la paix.

Ce discours rendit Ravana fou furieux.

– Quelle sorte de frère es-tu, s'écria-t-il en courroux, pour rabaisser ma force et faire l'éloge de l'ennemi ?

– Frère, je t'avertis simplement que tu t'écartes du droit chemin. Tu devrais rendre Sita, répliqua Vibhishana d'un ton ferme.

Alors Kumbhakarna, l'autre frère de Ravana, se leva pour prendre la parole. Kumbhakarna semait la terreur à la fois sur terre et dans les cieux. Sa vue seule mettait les dieux en déroute. De proportions gigantesques, il possédait la force de cent éléphants ; quand il marchait, la terre tremblait. Fort heureusement, une malédiction de Brahma l'obligeait à dormir une moitié de l'année. Sinon, il aurait transformé la contrée en une mare de sang. Comme ses frères, Kumbhakarna était pieux et instruit. Bien qu'il ne fût pas aussi intelligent que Vibhishana, il était perspicace et il sentit une part de vérité dans l'avertissement que ce dernier venait d'adresser à Ravana.

– O roi, tu as agi sans discernement. Si tu désirais Sita, tu aurais dû te débarrasser d'abord des deux frères, Rama et Lakshmana. Pourquoi ne l'as-tu pas fait ? Que représentent ces deux mortels pour un souverain tel que toi ? Il t'aurait été facile ensuite de conquérir Sita...

A ce discours, Ravana baissa la tête, embarrassé. Il accordait plus d'importance au jugement de Kumbhakarna qu'à celui de Vibhishana car le premier était un meilleur soldat. Après quelque hésitation, il se contenta de dire d'un ton obstiné :

– Je ne peux renoncer à Sita, comme Vibhishana le propose.

Cette déclaration fit frémir l'assemblée. Tous les regards étaient fixés sur Ravana. On se demandait avec inquiétude ce qu'il allait décider. Kumbhakarna eut pitié de son frère. D'un ton plus doux, il lui dit :

– Ne crains rien, Ravana. Que tu aies raison ou tort, tu es mon frère et je prendrai ta défense. Cependant je dois t'avertir que Rama est un archer incomparable et qu'il sera difficile de le vaincre.

– Ministres et vous, conseillers et grands du royaume de Lanka, dit Ravana, je ne peux renoncer à Sita. Je l'aime passionnément et je ne peux pas m'en séparer. Je l'ai suppliée en vain d'être ma reine. Voilà presque un an que j'attends et maintenant je suis trop fier pour accepter son refus et ma défaite. Je préfère me battre.

– Nous sommes avec toi, s'écrièrent tous les démons rassemblés, les uns par crainte de Ravana, les autres parce qu'ils espéraient partager sa victoire.

Seul Vibhishana osa protester contre cette décision. La colère de Ravana ne connut alors plus de bornes et il adressa à son frère ces mots insultants :

– J'ai toujours entendu dire que celui qui a des ennuis est abandonné par les siens. Comme tu illustres bien la vérité de cette maxime, Vibhishana ! J'ai dans l'idée que tu es un lâche et un traître et que tu voudrais embrasser le parti de Rama contre moi. Mais, dans ce cas, tu seras obligé de renoncer aux richesses et à la gloire qui sont les tiennes aujourd'hui. Je te vois comploter contre moi. Or, qu'est-ce qu'un frère qui n'apporte pas son aide au moment de l'épreuve ? N'est-ce pas ce que tu fais en me conseillant de fuir comme un lâche avant la bataille ? Hors de ma vue, Vibhishana ! Et qu'on ne te revoie plus à Lanka désormais !

Pauvre Vibhishana ! Comme il était malheureux ! Sûr de la défaite de Ravana, il ne se sentait plus, en outre, en sécurité à Lanka. Il prit donc la décision de rejoindre Rama et de se rallier à ses troupes. « Si je dois servir quelqu'un je préfère que ce soit Rama plutôt que Ravana », pensa-t-il. Suivi de quatre fidèles compagnons, il s'élança dans l'espace et déserta Lanka.

Quand les singes virent arriver dans les airs Vibhishana, accompagné de quatre autres démons, ils crurent que c'étaient des espions envoyés par Ravana. Ils commencèrent à crier et à les menacer. Du haut des airs, Vibhishana leur dit :

– Je suis Vibhishana, le frère de Ravana. Je viens non pour combattre Rama mais pour me rallier à lui. Mon frère m'a répudié parce que je lui conseillais de rendre Sita à son époux. J'ai abandonné ma femme, mes enfants et ma bien-aimée cité de Lanka pour me mettre sous la protection de Rama. Si Rama ne me donne pas asile, je suis perdu, car Ravana me tuera sans aucun doute.

On transmit à Rama le message de Vibhishana. Sugriva était d'avis de ne pas le recevoir.

– Après tout, c'est le frère du roi des démons ! Et ne dit-on pas que le sang est plus épais que l'eau ? Comment pourrions-nous lui faire confiance ?

Rama se contenta de sourire.

Les autres chefs de l'armée des singes étaient du même avis que Sugriva. Hanuman, cependant, exprima une opinion toute différente :

– Rama, j'ai vu Vibhishana à la cour de Ravana. J'ai du respect pour lui et je pense qu'il dit la vérité lorsqu'il déclare rechercher ta protection. J'ai été frappé par la sagesse de ses propos, ses manières douces et affables pour un rakshasa. C'est lui qui a pris ma défense alors que tous les autres voulaient me tuer. Je crois qu'il est sincère lorsqu'il affirme avoir conseillé à Ravana de rendre Sita et je suis sûr que c'est pour cette raison que Ravana l'a répudié. Je pense qu'il sera reconnaissant si nous l'acceptons et qu'il pourra nous être utile, conclut Hanuman.

Rama partagea cette opinion. Lui aussi avait le sentiment que Vibhishana était honnête.

– En outre, dit Rama, ceux qui se mettent sous ma protection sont toujours les bienvenus. C'est mon devoir d'aider Vibhishana qui est maintenant sans refuge. Donnons-lui asile.

– Mais comment faire confiance à quelqu'un qui

a trahi son propre frère ? dit Sugriva. Vibhishana s'est querellé avec son frère et recherche ta protection, mais je suis sûr qu'il convoite le trône de Ravana.

– Qu'importe ! répliqua Rama. Cela pourrait-il me causer le moindre préjudice ? Je lui promettrai le trône de Lanka comme je t'ai promis celui de Kishkinda.

En disant ces mots, Rama échangea avec Lakshmana un sourire entendu.

– Qu'on amène Vibhishana ! dit Rama.

Les singes s'empressèrent d'aller quérir le prince rakshasa qui, introduit en présence de Rama, se jeta à ses pieds. Rama le reçut chaleureusement.

– Tu es l'un des nôtres, lui dit-il, et je t'en fais le serment, comme je l'ai fait jadis à Sugriva, je tuerai le roi de Lanka et je te ferai roi.

Rama connaissait les sentiments de Vibhishana. Il savait que, tout en ne souhaitant pas la perte de son frère, il accepterait volontiers le trône de Lanka, si l'occasion s'en présentait. De son côté, Vibhishana avait connu la puissance de Rama, et il pouvait augurer sans difficulté des événements à venir. Se tournant alors vers Lakshmana, Rama dit avec un soupir plein de nostalgie en pensant à son frère absent :

– Lakshmana, tu pourrais visiter la terre entière, tu ne trouverais pas un autre Bharata. Rien ne peut égaler le désintéressement de son cœur et la sincérité de sa dévotion !

Ravana fit alors une action indigne de son intelligence. Il envoya un émissaire à Sugriva pour le persuader d'abandonner le parti de Rama et de se rallier aux rakshasas. Furieux, Sugriva et les singes tournèrent l'émissaire en ridicule.

– Crois-tu vraiment que notre roi trahisse ses amis ? Va dire à ton maître qu'il n'y a pas de lâche, et encore moins de traître dans l'armée des vanaras. Et fais-lui savoir qu'il n'aura à combattre que des adversaires loyaux.

L'émissaire de Ravana essaya de leur échapper, mais les singes se saisirent de lui et le maltraitèrent. Ils l'auraient volontiers tué sans l'intervention de Rama.

– Laissez-le partir, dit le prince magnanime. Il ne doit pas payer pour les fautes de Ravana.

Vibhishana le Vertueux avait rejoint le parti de Rama. Comme on délibérait sur la situation présente et sur les moyens de faire traverser l'océan à l'armée puissante des vanaras, il conseilla à Rama d'appeler à son aide Varuna, le dieu de l'océan.

En conséquence, durant trois nuits consécutives, Rama se tint sur le rivage, invoquant le dieu de l'océan. Mais celui-ci ne parut point, et Rama perdit patience. Il savait en effet que chaque jour comptait et il ne pouvait s'empêcher de penser à Sita qui attendait sa délivrance. Sa colère augmenta contre le dieu des eaux et devint terrible. Saisissant son arc, il décocha une pluie de flèches qui allèrent s'enfoncer dans les flots pour y semer le trouble. Le dieu de l'océan parut enfin à la surface.

– O Rama, épargne-moi, supplia-t-il. Contrôle ta colère. Je vais t'aider. Ordonne aux singes de construire un pont fait de blocs de pierre, de rochers et d'arbres, pour rejoindre l'autre rive. Je veillerai moi-même à la solidité de cette digue qui permettra à ton armée de traverser la mer en toute sécurité. Nila, l'un des chefs vanaras, est un brillant architecte. Laisse-le diriger les opérations.

Tel fut le conseil de Varuna, le dieu de l'océan, à Rama le Juste.

« C'était un spectacle merveilleux de voir les singes s'affairer à la construction du pont », rapporte le sage Valmiki. Des milliers de singes et d'ours déracinaient les arbres et transportaient des rochers de toutes tailles pour combler l'espace entre les troncs d'arbre. Tous les animaux de la forêt prirent part à ce chef-d'œuvre. Le poète dit même que les oiseaux et les écureuils tinrent à apporter leur brin d'herbe à la construction du pont. Et l'océan assura l'équilibre. Pendant cinq jours, tous travaillèrent sans relâche, tandis que Rama, debout, surveillait activement la progression de l'ouvrage.

Enfin le pont fut achevé. La formidable armée des vanaras le traversa en direction de Lanka. Gravissant le mont Suvala, elle pénétra dans la forêt voisine de Lanka. Les animaux qui l'habitaient, affolés par l'arrivée des hordes de vanaras, s'enfuirent, terrifiés. Là, d'un point stratégique, pour la première fois, Rama découvrit la fameuse cité de Lanka. Elle s'étendait à ses pieds, brillant tel un joyau dans l'écrin d'un ciel argenté. Citadelle resplendissante, elle dressait devant lui ses enceintes fortifiées, avec une fière arrogance.

Grâce aux espions vanaras, Rama était informé heure par heure des moindres mouvements de Ravana. Il savait maintenant que les quatre portes de la cité de Lanka étaient gardées respectivement par Brihasta, Mahodara, Indrajit et Ravana lui-même. Il désigna donc Nila, Angada et Hanuman pour commander l'attaque des trois premières, se réservant celle qui était défendue par Ravana.

– Attaquez ces portes et pénétrons en masse dans Lanka, dit-il à ses fidèles compagnons.

Puis, s'adressant à Lakshmana :

– Hélas, Ravana est proche de sa fin ! A cause de sa folie, cette magnifique cité va être détruite !

Lakshmana était émerveillé par la masse imposante des fortifications. Des groupes de sentinelles rakshasas faisaient la ronde sur les remparts ; jour et nuit, elles surveillaient les entrées de la citadelle et gardaient à distance un contrôle strict de l'armée ennemie.

– Comme Ravana doit être riche pour avoir construit une ville aussi splendide ! s'exclama Sugriva.

– Pourquoi faut-il que toute une cité périsse par la faute d'un seul homme ! murmura Vibhishana.

Soudain, sans le moindre avertissement, Sugriva bondit dans les airs et, en un clin d'œil, il survolait Lanka. Le roi des démons, entouré de sa cour, fut surpris de voir un singe apparaître brutalement au-dessus de lui.

– Je te tiens, Ravana. Cette fois, tu ne m'échapperas pas. Défends-toi ! cria Sugriva.

Suivit alors le plus merveilleux combat qu'on puisse imaginer. Tous deux, Ravana comme Sugriva, étaient des lutteurs infatigables et le combat aurait pu se poursuivre à l'infini si Ravana n'avait décidé de recourir à ses pouvoirs magiques. Ce que voyant, Sugriva lui échappa en s'élançant dans l'espace et, d'un bond, il fut de retour parmi les siens. Rama le reçut avec joie, en s'exclamant :

– Sugriva, c'est sans ma permission que tu as commis cette folle imprudence. Or, s'il t'arrivait malheur, nous ne pourrions le supporter !

– La vue de ce traître qui a enlevé ton épouse m'a fait perdre tout contrôle de moi-même, répondit Sugriva. J'ai oublié que je devais attendre tes ordres pour commencer le combat, ajouta-t-il en manière d'excuse.

Comme c'était la coutume avant l'ouverture des hostilités, Rama fit une dernière tentative de paix auprès de Ravana. Il lui envoya Angada, le fils de Vali. Ce dernier s'exprima en ces termes :

– Ravana, je suis Angada, le fils de Vali. Cela te suffira, je crois, car tu connais bien mon père. Il t'a fait trembler, il n'y a pas si longtemps. Je viens à toi en tant que messager de la paix, envoyé par Rama, le prince d'Ayodhya. Il t'exhorte pour la dernière fois : renvoie Sita et rends-toi à sa merci. Sinon, prépare-toi à mourir, car ta fin est proche.

Enfiévré par la colère, Ravana se leva de son siège en ordonnant à ses gens d'arrêter ce traître et de le mettre à mort.

Mais Angada était déjà loin. Il avait empoigné les deux démons qui voulaient le retenir et, d'un bond, s'était élancé dans les airs. Il les laissa tomber comme fruits mûrs dans les douves du palais, puis, s'élevant encore plus haut, il fendit d'un coup de pied le dôme de l'édifice et s'éloigna rapidement en direction du mont Suvala pour retrouver Rama.

La guerre allait commencer. Rama répartit l'armée des vanaras aux quatre points cardinaux. Sugriva, Lakshmana et Vibhishana regagnèrent leurs postes.

Ils étaient sur le point d'assiéger la forteresse de Lanka.

15
La guerre

Ravana dépêcha de nouveaux espions dans le camp adverse pour évaluer la force de son ennemi. Déguisés en singes, ceux-ci se glissèrent dans les rangs de l'armée de Rama pour observer les lieux.

Vibhishana les reconnut et il les aurait tués sans l'intervention de Rama :

– Ce sont de pauvres soldats qui ne font qu'obéir aux ordres de leur roi, dit ce prince magnanime. Pourquoi les tuer ?

Puis il se tourna vers eux :

– Observez avec soin la puissance des vanaras, leur dit-il, et avertissez votre roi du danger où il se trouve.

Les espions vinrent droit à Ravana.

– Grand roi, lui dirent-ils, c'est une tâche difficile de combattre les vanaras. Sugriva et Angada sont de terribles guerriers. Quant à Hanuman, vous connaissez déjà sa bravoure. Rama ne semble pas être un prince ordinaire et il en est de même pour Lakshmana. On dit que les dieux sont avec eux. O roi, nous craignons qu'un pouvoir surnaturel ne les soutienne contre nous. Comment ces singes ont-ils pu traverser l'océan ? La construction du pont est un miracle. Avez-vous jamais vu un tel exploit ? Nous vous supplions de considérer tous ces signes avant d'engager le combat. Pourquoi ne pas rendre la princesse à Rama ?

– Lâches ! Fripons ! Coquins ! s'écria Ravana, plein de rage. Je ne rendrai pas Sita, même si le dieu Indra en personne venait me la demander. Ne savez-vous pas, imbéciles, que je suis plus fort que les dieux ? Je les ai vaincus et je ne crains personne dans les trois mondes.

Le roi des démons perdait complètement la tête. Son orgueil l'aveuglait. Plutôt que de céder à Rama, un simple mortel, il préférait mourir au combat.

– Préparons-nous à la guerre ! s'écria-t-il avec une voix de tonnerre.

Mais, même à cet instant, son désir pour Sita fut le plus fort. Il décida une fois encore de la conquérir. Il la cajolerait, il la brusquerait si nécessaire, pour la faire plier à son désir. Le cœur plein d'espoir, il se dirigea vers les jardins d'Ashoka.

– Sita, lui dit-il, Rama est mort. L'armée des vanaras est vaincue. Je l'ai complètement détruite. Abandonne tout espoir et accepte d'être ma reine.

Sita le regarda d'un air incrédule.

– Tu ne me crois pas, dit le démon. Eh bien, regarde ! Voici la tête de Rama !

En disant ces mots, il lui présenta une tête exactement semblable à celle de Rama. Même alors, Sita refusa de croire que le prince d'Ayodhya pouvait se faire tuer si facilement. Mais Ravana ne put s'attarder davantage auprès d'elle. Des messagers vinrent l'avertir que l'ennemi se trouvait aux portes de la cité et il dut prendre congé rapidement.

La femme de Vibhishana, qui était l'une des gardiennes de Sita, la rassura :

– Ce ne peut pas être Rama. Je suis sûre que c'est un des tours de magie de Ravana. Sois tranquille ! lui dit-elle.

Comme pour confirmer ses dires, Sita entendit alors les cris de guerre de l'armée des vanaras. Oh ! comme ces cris la réconfortèrent !

– Enfin, murmura-t-elle avec un soupir de reconnaissance, Rama est là !

Ravana se rendit sur les remparts de son palais et monta sur la plate-forme la plus élevée, d'où il pourrait passer en revue les troupes de l'ennemi. L'un de ses ministres lui montra les différentes divisions de l'armée des vanaras.

– Ces singes et ces ours viennent de toutes les parties du monde, lui dit-il. Ce sont de braves et fidèles soldats, tout dévoués à Rama et prêts à mourir pour lui. Vois comme ils sont impatients de se battre ! Et voici Rama qui resplendit, telle une perle bistre au milieu de la mer des singes chevelus. A ses côtés se tient Lakshmana, au teint clair, un guerrier fort et courageux qui le seconde au combat. Tous deux ont été formés à la guerre par le rishi Viswamitra. Près de Rama et Lakshmana, se dresse Sugriva, frère de Vali. Sur sa poitrine resplendit le collier qu'Indra a donné à Vali. Sugriva est en tous points aussi puissant que son frère dont vous connaissez la vaillance.

Le discours du ministre ne fit qu'attiser l'orgueil de Ravana, qui s'écria avec suffisance :

– Nous les vaincrons !

Puis il donna l'ordre à ses soldats de charger l'ennemi.

Au même moment, Rama, le cœur plein de Sita

et animé d'une détermination farouche, donnait le signal d'attaquer la forteresse de Lanka.

Les singes se ruèrent sur les murs de la citadelle en poussant des cris de guerre. Les uns attaquaient les portes à coups de massue tandis que d'autres tentaient d'ébranler les murailles à l'aide d'énormes blocs de pierre.

Armés jusqu'aux dents, les rakshasas sortirent pour défendre leur cité, contre les vanaras. Ceux-ci les attaquaient à mains nues, mais également à l'aide de massues et d'énormes pierres. La guerre faisait rage maintenant. Bientôt le sol fut couvert de cadavres et le sang coulait à flots.

De nombreux héros se rencontrèrent en combats singuliers : Angada contre Indrajit, Hanuman contre Brihasta, Nila contre Nikumba, et bien d'autres. Indrajit perdit son char et ses chevaux. Angada fut blessé par la massue d'Indrajit. Hanuman eut une faiblesse mais il se reprit et poursuivit sa lutte meurtrière. Sukshena, un chef vanara, tua un héros rakshasa à coups de pierres.

A la nuit tombée, la bataille se poursuivait encore. Angada détruisit le char d'Indrajit pour la seconde fois et tua son cocher. L'armée des singes salua les exploits de son prince par des cris de joie.

Indrajit était troublé ; il n'était pas habitué à la défaite. Il décida donc de recourir à ses pouvoirs magiques. S'élevant dans les airs, il se rendit invisible et déversa une pluie de flèches sur ses adversaires. Les vanaras commencèrent à faiblir devant ces traits imprévisibles qui semblaient venir de toutes les directions à la fois. Profitant de son avantage, Indrajit décocha alors ses redoutables « flèches en forme de serpents » contre Rama et Lakshmana qui, blessés, tombèrent inanimés. A la vue des deux princes gisant immobiles sur le sol, l'armée des vanaras fut prise de panique et s'apprêtait à prendre la fuite.

Vibhishana tenta de les rassembler et de ranimer leur courage défaillant.

– Rama et Lakshmana ne sont pas morts, leur dit-il. Ils ont succombé aux dards empoisonnés d'Indrajit, mais ce venin ne tue pas. Nos héros sont simplement engourdis et ils se réveilleront bientôt pour vous guider à nouveau. Ne perdez pas courage !

Sugriva les admonesta à son tour :

– Quelle sorte de soldats êtes-vous, leur dit-il, pour vous décourager si facilement ? Et que pensera Rama lorsqu'il se réveillera ?

Les vanaras, honteux, baissèrent la tête. Leurs rangs se reformèrent et ils se préparèrent à attaquer de nouveau.

Pendant ce temps, Indrajit avait rejoint son père et lui annonçait la nouvelle, triomphant.

– Père, c'est fini ! Ils sont vaincus ! J'ai terrassé les deux princes avec mes flèches magiques !

Ravana se leva d'un bond et serra son fils contre lui. Ensemble, ils parurent au balcon du palais pour informer le peuple de leur grande victoire. Ravana donna l'ordre de placer Sita sur son char volant et de la mener sur les lieux du combat, pour lui faire voir l'état désespéré de son époux. Quand Sita aperçut Rama et Lakshmana gisant dans la boue, à l'extérieur des murs de la cité, elle ne put retenir ses larmes.

– O désespoir ! O femmes infortunées que nous sommes, Kausalya, Sumitra et moi-même ! Nous n'avons plus qu'à prendre le deuil. O Rama, cher héros ! Comment une telle chose est-elle possible ? Tous les grands rishis que nous avons rencontrés avaient prédit ton caractère invincible. Comment leurs prédictions pourraient-elles mentir ? O prince incomparable ! La vue de ton visage de lotus devenu si pâle et si livide me fait défaillir !

Ainsi se lamentait Sita la Belle devant le corps inanimé de son bien-aimé.

La fille de Vibhishana, qui l'accompagnait, l'implora de ne pas se laisser aller à sa douleur.

– Ils ne sont point morts, lui assura-t-elle, mais simplement inconscients, envoûtés par le charme magique des flèches d'Indrajit. Regardez leurs visages ! On y voit encore briller l'étincelle de la vie !

Ces mots apaisèrent Sita.

Pendant ce temps, les dieux – semble-t-il – n'étaient pas restés inactifs. Brusquement, la terre se mit à trembler, la mer à rugir, et une terrible bourrasque s'éleva, livrant passage à Garuda, l'aigle divin, que l'on vit descendre majestueusement des cieux. Il vint couvrir de ses ailes, dans une douce étreinte, le corps inanimé des deux princes.

Or cet oiseau connaissait le remède secret contre les dards empoisonnés d'Indrajit. Il murmura des mantras à l'oreille des deux princes, et ceux-ci ne tardèrent pas à se lever, frottant leurs paupières comme au sortir d'un long sommeil rafraîchissant. Puis, comme si rien ne s'était passé, Rama et Lakshmana saisirent leurs arcs et leurs flèches et retournèrent au combat. Sugriva fut grandement soulagé et le champ de bataille résonna à nouveau des cris de guerre des vanaras.

Ravana resta un moment stupéfait ; les hordes de vanaras tentaient à nouveau d'ébranler les murailles de Lanka. Puis, se ressaisissant, il donna l'ordre à Dhumraksha de repousser l'assaut d'Hanuman à la porte ouest de la cité. A la tête d'un énorme bataillon, Dhumraksha se rua sur les vanaras et les attaqua sauvagement. Au cours d'une lutte féroce, des centaines de héros périrent des deux côtés. Les nuages de poussière rendaient l'air dense, irrespirable. Sur le sol couraient des ruisseaux de sang. Le cliquetis des épées et les cris des guerriers remplissaient le champ de bataille. Hanuman lutta avec la force d'un géant. Il réduisit Dhumraksha en bouillie d'un seul coup de poing.

Ravana était toujours invaincu. Il envoya Vajra à la porte sud pour repousser l'attaque d'Angada. Une autre bataille, mortelle, s'ensuivit. Les héros vanaras faisaient preuve d'un rare courage et les rakshasas tombaient comme des mouches. Bien qu'il eût déjà tué des centaines de vanaras, Vajra, cette fois, se sentit perdu. Angada lui porta un coup mortel avec sa massue et il s'écroula sur le sol.

Toute une série de rencontres sanglantes se déroulèrent. Sous les armes diverses et les projectiles magiques utilisés par les rakshasas, des milliers de vanaras succombèrent, mais ils ne se décourageaient pas et continuaient à se battre, à coups de pierre et de troncs d'arbre, avec un acharnement terrible. Ravana s'impatientait. Il ordonna à son général en chef, Brihasta, d'entrer dans la mêlée. Un formidable corps à corps s'engagea entre lui et le chef de l'armée des vanaras, Nila ; ce dernier finit par fracasser le crâne de Brihasta avec une énorme pierre.

La perte de leur général en chef jeta le désordre dans les rangs des rakshasas. Ils se replièrent en hâte, cherchant la protection de Ravana. La bataille leur semblait perdue.

L'heure du combat avait sonné pour Ravana. Monté sur son char, avec Indrajit à ses côtés et entouré de ses gardes, il tenta une sortie. Sous sa charge, de nombreux vanaras périrent, et parmi eux Nila, le général en chef de l'armée des singes. Lakshmana lui-même fut blessé et on dut le transporter à l'écart du champ de bataille. Alors Rama parût, monté sur les épaules du fidèle Hanuman. Les flèches jaillissaient de son arc comme des étincelles. Il est impossible de décrire la force et la sûreté de ses traits redoutables ! Le monarque rakshasa fut jeté à bas de son char, son arc rompu, son grand diadème brisé. Comme il se tenait là, au

milieu du champ de bataille, désarmé et tête baissée, Rama lui adressa ces paroles magnanimes :

– Retire-toi, Ravana, et reviens demain avec toutes tes armes. Je ne saurais tuer un ennemi sans défense.

Témoins de cet acte suprême d'héroïsme, les vanaras l'acclamèrent.

Ravana se retira en silence. La peur, un sentiment inconnu de lui jusqu'alors, s'était glissée dans son cœur. Il pensa que le moment était venu de réveiller Kumbhakarna.

Or Kumbhakarna était dans un état de sommeil profond. Les rakshasas tentèrent de le réveiller en

aiguillonnant son corps énorme avec des piques et en soufflant dans leurs conques et leurs trompettes, tout près de ses oreilles. Mais en vain. Ils se mirent alors à marteler et à labourer sa masse imposante ; Kumbhakarna ne s'éveillait toujours pas. Usant ensuite d'un procédé plus énergique, ils firent passer sur son corps des chars et des éléphants. Sous cette dernière pression, Kumbhakarna bougea légèrement, ouvrit les yeux, les frotta et bâilla en poussant un soupir semblable au grondement du tonnerre.

En voyant les rakshasas qui avaient troublé son sommeil, il était sur le point de leur faire payer leur arrogance, quand l'un d'eux, plus hardi démon que les autres, lui rapporta la situation critique de Lanka.

Lorsque Kumbhakarna comprit ce qui se passait, il éclata d'un rire formidable.

– Comment se fait-il que mon valeureux frère recule devant une poignée de singes ! s'exclama-t-il. Qu'on me conduise sans plus tarder sur le champ de bataille !

On le mena d'abord en présence de Ravana, qui, à la vue de son frère, se leva de son trône et lui parla en ces termes :

– Kumbhakarna, me voilà en grand danger. L'ennemi est à nos portes et, ce qui est plus grave, il a tué la plupart de nos meilleurs guerriers. Moi-même, j'ai dû subir la défaite ! Que dois-je faire ?

Kumbhakarna, après un moment de silence, répondit :

– Frère, je t'avais prévenu ; tu as mal agi en enlevant la femme d'un autre et tu dois maintenant te préparer à en supporter les conséquences. Mais, moi vivant, dit-il en s'adoucissant, il ne te sera fait aucun mal. Allons, je vais te débarrasser de l'ennemi !

Comme Kumbhakarna sortait du palais à grandes enjambées, la foule des rakshasas lui fit une ovation. Partout dans la ville, sur son passage pour se rendre au champ de bataille, on l'acclamait, on l'applaudissait.

Quand Kumbhakarna atteignit les portes de la cité, sa forme monstrueuse emplit le ciel. Une pluie de flèches l'accueillit, mais elles s'émoussèrent rapidement sur son corps d'acier. A mains nues, le colosse commença à décimer les rangs des vanaras qui osaient lui barrer le chemin. Devant ce secours inattendu, les démons reprirent courage. La lutte contre les vanaras s'intensifia et, de nouveau, la panique envahit l'armée des singes.

Rama tenta de rassembler les forces dispersées. Sugriva, le voyant exposé au danger, accourut pour le protéger de son corps, mais il fut presque piétiné à mort par le géant.

– Quelle prise de choix ! s'exclama Kumbhakarna en saisissant le singe étourdi.

Mais, brusquement, Sugriva lui mordit le nez et l'oreille et, d'un bond, il regagna ses amis. L'armée des vanaras était encore dans la confusion.

Comme Kumbhakarna poursuivait Sugriva, il se trouva de nouveau face à face avec Rama, juché sur les épaules d'Hanuman. Rama déversa une pluie de flèches dans sa direction mais rien ne semblait pouvoir l'arrêter. S'approchant davantage, Rama lui décocha une flèche spéciale en visant la tête. Tel un éclair, l'arme trancha la tête du démon et l'emporta au loin, la faisant rouler jusque dans les rues de Lanka. Son corps gigantesque fut emporté par la mer.

La victoire leur appartenait enfin. Du champ de bataille s'élevèrent les cris d'allégresse de l'armée des vanaras.

Quand Ravana fut informé des derniers événements, il s'effondra, accablé de douleur. Seul dans son palais et profondément humilié, il se demandait si Vibhishana n'avait pas eu raison après tout !

16
La victoire de Rama

Indrajit entra, vêtu de son armure resplendissante.

– Père bien-aimé, pourquoi te décourager, quand me voici près de toi ! s'exclama-t-il.

Il semblait si plein de courage et d'enthousiasme que Ravana se sentit réconforté.

– Va, mon fils, et rends-moi la paix du cœur et de l'esprit en tuant Rama, lui dit-il avec un regain d'espoir.

Indrajit retourna au champ de bataille. Se frayant un chemin à travers les corps amoncelés des guerriers rakshasas, il aperçut Rama qui, arc et flèches en main, se déplaçait sur le terrain avec la vivacité d'un ouragan.

Indrajit comprit immédiatement que les attaques directes et les armes ordinaires seraient sans effet contre Rama. Aussi décida-t-il de recourir à ses armes secrètes. Se repliant comme pour battre en retraite, il choisit un lieu écarté et, de là, décocha sur le champ de bataille sa « flèche de Brahma ». Aussitôt, tous les guerriers – y compris Rama et Lakshmana – tombèrent inanimés sur le sol. Les seuls rescapés du champ de bataille furent Hanuman et l'ours Jambavan, qui tous deux avaient obtenu des dieux l'immunité contre la « flèche de Brahma ». Ils se concertèrent pour remédier à la situation.

Jambavan, d'un âge vénérable, connaissait les remèdes traditionnels de guérison. Il se rappela la vertu de certaines herbes médicinales, que l'on pouvait se procurer seulement sur l'Himalaya. Ces herbes, selon lui, pourraient ranimer la conscience des guerriers engourdis et annihiler les effets de la puissante flèche. Sans plus attendre, Hanuman décida d'entreprendre ce long et périlleux voyage. Faisant cingler l'air de sa queue, il prit son élan et s'élança vers le nord d'un bond impétueux, tel un trait qui aurait été décoché par l'arc même de Rama. Valmiki raconte cette merveilleuse aventure dans toute une série de mélodieux versets. Le seul fait de les entendre ou de les réciter suffit, dit-on, à redonner le courage aux poltrons et la santé aux malades.

Hanuman, transportant une partie de la montagne où poussaient les herbes miraculeuses, fut bientôt de retour parmi les vanaras. Les deux princes, ayant respiré l'arôme des puissantes panacées, furent guéris de leurs blessures ; de même, tous ceux qui avaient succombé à la « flèche de Brahma » se relevèrent, régénérés par l'odeur suave de ces plantes merveilleuses.

Alors Rama, reprenant la tête de l'armée des singes, décida que l'on devait poursuivre le combat, à l'intérieur même de la cité.

Une fois encore, Hanuman mit le feu à la ville. Un nouvel incendie détruisait Lanka. Les gens couraient dans toutes les directions, cherchant un abri.

Cependant l'armée de Rama souffrait encore des projectiles qu'Indrajit continuait à envoyer, secrètement, d'un lieu invisible. On assista à une sévère panique lorsque Indrajit parut sur son char, tenant par les cheveux l'infortunée Sita, et la mit à mort sous les yeux horrifiés des vanaras. Heureusement Vibhishana leur apprit qu'il s'agissait d'une illusion créée par Indrajit, et les vanaras reprirent quelque peu courage.

Vibhishana connaissait toutes les armes secrètes d'Indrajit. Mais bien qu'il ait déjà combattu aux côtés de Rama et Sugriva, il ne les leur avait pas révélées jusque-là. Il ne pouvait se décider à accomplir ce dernier acte de trahison envers les siens. Cependant, il sentit que le moment était venu de le faire et, s'armant de courage, il en fit part à Rama et mena Lakshmana au lieu secret où Indrajit offrait ses sacrifices pour renouveler ses pouvoirs.

Ainsi averti des secrets d'Indrajit, Lakshmana put mieux se préparer à sa rencontre avec le prince rakshasa. Il essaya, de son côté, de mettre en pratique tous les secrets que son maître Viswamitra lui avait enseignés.

Quand Indrajit aperçut Vibhishana aux côtés de Lakshmana, il s'écria, plein de tristesse :

– Toi aussi, mon oncle, tu pactises avec l'ennemi ! Peut-il y avoir plus grand traître que toi ! Je ne m'étonne plus que père t'ait renvoyé du royaume. Prépare-toi à mourir ! s'exclama-t-il.

Mais les leçons de Viswamitra se révélèrent plus efficaces que les sacrifices d'Indrajit. Luttant courageusement jusqu'à la fin, Indrajit fut terrassé par la « flèche d'Indra » que lui décocha Lakshmana.

Dans le camp des vanaras, ce fut un cri général d'allégresse. Dans celui des rakshasas, au contraire, on n'entendait que plaintes et lamentations. Accablé par la mort de son fils et honteux de sa défaite,

Ravana le Terrible résolut de faire périr Sita la Belle. Mais ses ministres le retinrent. Bientôt, il lui apparut clairement que la cause de tous ses maux n'était pas Sita mais bien sa propre cupidité et sa vantardise. De noirs présages le visitèrent ; alors il se fortifia dans la pensée qu'il devait faire son devoir de héros, même si cela le conduisait à la mort. Rassemblant les plus fidèles de ses conseillers, il se prépara à rencontrer Rama pour un ultime combat.

Une fois sur le champ de bataille, Ravana redevint lui-même. Il se rappela les pouvoirs qu'il avait reçus du dieu Brahma. Comment un simple mortel pourrait-il le tuer ? Plein d'espoir, il leva son arc.

Rapides comme l'éclair, les flèches des deux guerriers se succédaient. Elles étaient lancées de part et d'autre avec une telle adresse que peu d'entre elles atteignaient leur but, la plupart s'arrêtant l'une l'autre dans leur course ! Les devas, qui assistaient du haut des cieux au combat, aperçurent un véritable filet de flèches. Vibhishana faillit être tué ; Lakshmana fut blessé à nouveau.

Enfin Rama, qui avait combattu jusque-là juché sur les épaules d'Hanuman, monta sur le char que le grand Indra lui avait réservé, et se lança à la rencontre de Ravana. Celui-ci, incapable de résister aux traits nombreux et acérés de son ennemi, vit bientôt ses têtes tomber, l'une après l'autre. Mais, grâce au don de Brahma, à peine une tête était-elle tranchée qu'une nouvelle repoussait, en tous points semblable à la précédente. Rama, un moment stupéfait par ce miracle, n'en poursuivit pas moins sa lutte acharnée. Alors, dirigeant sa pensée vers son maître Viswamitra, il décocha sa « flèche de Brahma », en visant Ravana au cœur. Comme le projectile le transperçait, son arc lui échappa, et le démon s'écroula, frappé à mort. Une grande joie s'empara des dieux à la mort de Ravana, ce monstre qui avait été la terreur des trois mondes.

Les épouses de Ravana sortirent de Lanka et s'élancèrent sur le champ de bataille. Là, sur le corps de leur époux, elles donnèrent libre cours à

leurs lamentations. Vibhishana joignit ses pleurs aux leurs.

Plus rien ne pouvait arrêter la marche triomphale des vanaras qui pénétrèrent dans Lanka, conduits par Lakshmana et Sugriva.

Vibhishana fut couronné roi de Lanka.

Rama resta seul dans le campement situé à l'extérieur de la cité. Fidèle à sa promesse, il avait en effet refusé d'entrer dans la ville – même en cette heure de gloire – jusqu'à l'accomplissement de ses quatorze années d'exil.

17
Le couronnement de Rama

L'immense clameur de la victoire avait pénétré jusque dans les jardins d'Ashoka. Sita savait que Rama avait gagné la bataille.

A cet instant précis, Hanuman parut devant elle et, l'ayant saluée, il lui annonça joyeusement :

– Rama a remporté la victoire !

Mais Sita était trop émue pour parler ; son cœur battait violemment dans sa poitrine et ses yeux étaient pleins de larmes. Après un moment, Hanuman lui demanda :

– O devi ! Pourquoi ne dis-tu rien ?

– Cher Hanuman, mon bon messager ! Comment pourrais-je jamais te remercier ? dit enfin Sita. Ta force prodigieuse t'a permis de traverser l'océan et d'atteindre Lanka ; par tes prouesses, tu as semé la terreur chez les rakshasas ; grâce à ta volonté, tu as conduit jusqu'ici ces deux héros et te voici devant moi pour m'annoncer la grande nouvelle de leur victoire. O ami très cher, qui n'a pas son égal en bonté dans tout le vaste univers !

Hanuman, voyant le visage de la princesse mouillé de larmes, se rappela tout ce qu'elle avait souffert. Son regard tomba alors sur les horribles démones qui l'entouraient et il ne put retenir un mouvement de colère :

– Laisse-moi les tuer pour tout ce qu'elles t'ont fait subir ! supplia-t-il.

Sita hocha la tête.

– Pourquoi auraient-elles à payer pour les fautes de leur souverain ? Terrifiées par Ravana, elles n'ont fait qu'obéir à ses ordres, dit la princesse, pleine de compassion.

Comme Hanuman baissait la tête, Sita ajouta :

– Va, maintenant, cher ami, et dis à Rama combien j'ai hâte de le revoir !

Hanuman prit congé de Sita et retourna porter son message au prince d'Ayodhya. Mais aucun sourire de bienvenue ne se montra sur le visage sévère de Rama. Le prince semblait grandement préoccupé. Comme s'il écartait un mauvais rêve, il se tourna enfin vers Vibhishana et lui parla en ces termes :

– Amène Sita en ma présence mais veille auparavant à ce qu'elle soit baignée et parée comme il convient.

Vibhishana se rendit dans les jardins d'Ashoka pour délivrer le message de Rama à Sita la Belle.

– Je préférerais voir mon époux sans plus tarder, fit remarquer la princesse.

Vibhishana se contenta de répondre que tels étaient les ordres de Rama et qu'il convenait de s'y conformer.

Ainsi parût Sita la Belle, ornée de tous ses atours, montée sur un palanquin et accompagnée d'une nombreuse escorte. A la vue de tant de beauté, les singes accoururent de tous côtés, cherchant à apercevoir la princesse à travers la foule.

Comme leurs chefs les réprimandaient, Rama s'écria d'un ton irrité :

– Ne les arrêtez pas ! Laissez-les voir Sita ! Ces singes sont mes amis. C'est pour moi qu'ils se sont battus !

Il y eut un moment de malaise. Que se passait-il ? Rama avait une expression de colère qui lui était inhabituelle. Sita descendit du palanquin et se dirigea vers lui. Mais, devant son regard sombre et ses sourcils froncés, elle eut un mouvement incertain et la peur s'éleva dans son cœur.

– Fille de Janaka, lui dit Rama d'une voix grave, j'ai gagné la guerre et je t'ai délivrée du démon Ravana, mais je ne peux te reprendre en tant qu'épouse. Tu as vécu trop longtemps dans le palais de Ravana. Choisis parmi mes amis ici rassemblés celui qui veillera sur toi.

Ces mots froids et cruels frappèrent Sita comme la foudre. Quoi ? Était-ce pour cela qu'elle avait enduré toute une année de souffrance ? Cela ne pouvait être. Se rapprochant de Rama, elle lui dit courageusement :

– Que dis-tu, mon prince ? Ces paroles sont celles d'un homme ordinaire, aveuglé par les soupçons. Ils sont indignes de mon noble seigneur. Les as-tu prononcées ou bien ai-je rêvé ?

– Sita, je ne me suis pas battu pour te délivrer mais pour venger l'honneur du clan des Ikshvakus. Mon devoir est maintenant accompli. Tu peux aller ton propre chemin.

La colère avait un moment remplacé la peur dans les yeux de Sita ; mais on put bientôt lire sur son visage le courage d'une calme détermination.

– Eh bien, soit ! Est-ce là tout, mon seigneur ? Très bien. J'irai donc mon chemin.

Puis, se tournant vers Lakshmana, elle lui ordonna :

– Prépare un bûcher et mets-y le feu car je veux m'y jeter à l'instant même.

Tête baissée et mains tremblantes, Lakshmana fit ce qu'elle demandait. Comme il préparait le bûcher, il regarda le visage de son frère, dans l'espoir de quelque signe. Mais Rama ne bougea pas. Son expression restait butée, froide, indifférente. Étonné, chacun observait en silence ce nouvel aspect de Rama. Lakshmana mit le feu au bûcher.

Debout devant le bûcher, Sita invoqua Agni, le dieu du feu, et se jeta dans les flammes.

Le silence angoissé qui présidait à cette scène fut interrompu par un grand miracle. Le dieu Agni en personne émergea du brasier, tenant dans ses bras la forme chaste de Sita.

– Je te rends Sita la Belle, dit Agni à Rama. Elle est aussi pure que la flamme de ce brasier. Son amour pour toi est sans tache.

En disant ces mots, il présentait Sita à Rama. Le prince était transformé. Il tendit les bras et reçut tendrement son épouse.

– Ne crains rien, ma bien-aimée. Sois assurée que je ne t'ai infligé cette épreuve que pour prouver au monde la loyauté de ta nature, lui murmura-t-il.

Sita avait enfin retrouvé la paix du cœur. Elle savait maintenant que Rama n'avait agi ainsi que pour répondre aux exigences du monde et non parce qu'il l'avait soupçonnée.

Dans la cité de Lanka, les lumières s'étaient remises à briller. Nouveau roi de Lanka, Vibhishana allait gouverner le royaume et son peuple

pourrait vivre sans crainte de la tyrannie, dans la paix et le bonheur.

Rama s'adressa ainsi à son ami Vibhishana :

– Vibhishana ! Puisses-tu gouverner des centaines d'années et que ta renommée s'étende à tout l'univers, lui dit le prince, plein de gratitude.

Les quatorze années d'exil étant maintenant écoulées, Rama décida de rentrer à Ayodhya. Vibhishana lui fit apporter le char volant de Ravana, le fameux pushpaka. Rama y monta, accompagné de Sugriva, Vibhishana, Hanuman et de tous les chefs vanaras.

Comme le pushpaka se déplaçait rapidement au-dessus des forêts, Rama désigna à Sita tous les endroits qui avaient été témoins de leurs aventures.

– Regarde ! disait-il. Voici le pont que les singes ont construit sous la direction de Nila ; et là-bas, sur notre gauche, n'est-ce pas la colline où j'ai rencontré Hanuman pour la première fois ? Te rappelles-tu Jatayu, Sita ? C'est là que je l'ai découvert, presque mort ; et voici le vallon où j'ai tué la prétendue biche au pelage d'or, poursuivit Rama, d'une voix émue au souvenir de toutes leurs épreuves.

Lorsqu'ils approchaient d'Ayodhya, un doute assaillit Rama. Appelant Hanuman, il lui dit :

– Bharata pourrait avoir pris goût au pouvoir en mon absence et être troublé par mon retour. Va, je t'en prie, au-devant de nous, et vois quels sont ses sentiments à notre égard avant que nous ne pénétrions dans Ayodhya.

Or, ce même jour, Bharata s'était réveillé, l'esprit agité. Il y avait exactement quatorze ans que Rama avait quitté le royaume. Sa période d'exil était terminée. Pendant toutes ces années, Bharata avait attendu patiemment son retour mais, aujourd'hui, il ne pouvait plus attendre, même une minute de plus. Rama allait-il tenir sa promesse ? Depuis qu'il avait quitté Chitrakuta, il était sans nouvelles de lui ! Avait-il mené en vain cette vie de prières et de privations ? Bharata sentit qu'il ne pouvait vivre davantage sans revoir son frère. Quelle était l'utilité d'une vie sans Rama ? Il décida d'allumer un feu et de s'y jeter.

C'est alors qu'arriva Hanuman. De loin, il aperçut le frère de Rama, pâle et amaigri par les veilles et le jeûne, las et désespéré, prêt à mettre fin à ses jours. Descendant rapidement vers lui, il lui apporta l'heureuse nouvelle.

Bharata ne pouvait en croire ses oreilles. La joie qu'il éprouva à la pensée de revoir son frère bien-aimé faillit lui faire perdre connaissance. Les yeux pleins de larmes, il sentit ses genoux faiblir et ses mains trembler. Également ému, Hanuman regardait ce prince vêtu d'écorce et songeait : « Il existe donc quelqu'un qui aime Rama plus que moi. Comment Rama a-t-il pu douter de lui ? »

La nouvelle du retour de Rama réveilla la cité d'Ayodhya de sa torpeur. Pour la première fois depuis quatorze ans, les habitants prirent plaisir à décorer leur ville. L'air empli d'une douce musique, ses rues jonchées de fleurs, ses maisons pavoisées, Ayodhya résonnait à nouveau des rires et de la joie de ses habitants. La cité attendait impatiemment l'arrivée du pushpaka ; tous les regards étaient levés vers le ciel. Le char apparut enfin derrière les nuages et la forme de Rama se détacha distinctement, pareille au soleil levant. Ce fut alors un immense cri d'allégresse, un accueil joyeux et triomphal. Bharata levait les bras en appelant : « Rama ! Rama ! » ; ses lèvres remuaient mais aucun son ne sortait de sa gorge.

Comme le pushpaka atterrissait, Bharata sauta dans le char et serra Rama sur son cœur. L'émotion le rendait muet. A cet instant, Hanuman regarda Rama comme pour confirmer le résultat de sa mission. Lorsqu'il avait tracé à Rama le portrait de son frère amaigri et vêtu comme un ascète, Rama avait souri d'un air attendri. Hanuman se demandait si ce n'était pas simplement pour lui montrer une dévotion aussi profonde que la sienne que Rama l'avait envoyé en éclaireur auprès de Bharata.

Kausalya et les autres reines s'avançaient maintenant à la rencontre de Rama. Les retrouvailles avec la famille royale furent touchantes. Lorsqu'il retrouva l'usage de la parole, Bharata fit à Rama un récit complet de sa période de régence. Il le pria de lui pardonner ses erreurs et d'accepter à présent le gouvernement du royaume. Rama fut profondément touché par la dévotion et la noblesse de son frère.

Rama fut couronné roi d'Ayodhya au milieu de grandes réjouissances. Tout au long de la cérémonie, le fidèle Hanuman se tint aux côtés de Rama et de Sita, attentif au moindre de leurs désirs. Sita se leva timidement de son trône et, détachant de son cou son propre collier de perles, elle en fit présent à Hanuman. Le tendre regard avec lequel Sita le lui remit combla Hanuman.

Suivit alors un règne glorieux resté célèbre en Inde sous le nom de l'« ère de Rama le Juste ». Rama fut vraiment un souverain idéal. Chacun dans le royaume – du plus humble au plus privilégié – n'avait en vue que son devoir et l'accomplissait de bon cœur.

Comme il représentait lui-même l'exemple suprême, la légende se répandit que Rama était une incarnation de dieu descendu sur terre pour protéger l'innocent et punir le coupable afin d'établir un royaume de paix et de justice.

Peut-il exister encore un homme tel que Rama ? Ou un frère tel que Bharata ou Lakshmana ? Ou encore un ami aussi fidèle que Sugriva ou Hanuman ? A travers eux, le poète Valmiki a su nous présenter des caractères d'une vertu parfaite, d'une perfection presque divine. Certes, ce ne sont que des modèles ; mais des modèles qui nous élèvent et nous rapprochent toujours davantage de nous-mêmes, sur le chemin de la perfection.

« O Perroquet ! Oiseau favori de la déesse Lakshmi ! Viens vite dissiper l'ennui de mon cœur en me racontant joyeusement l'histoire de Rama, aussi douce à entendre que le nectar le plus suave ! »

« Eh bien soit ! Prête l'oreille tandis que je te raconterai brièvement son histoire. Car un tel récit chasse toute tristesse et purifie de mille façons celui qui l'écoute. »

Erutachan
poète malayali du Xe siècle

« Ce récit qui prolonge la vie, donne la santé, la gloire, l'union fraternelle, la sagesse, le bonheur, la puissance, doit être écouté religieusement par les gens de bien qui aspirent à la félicité. »

Dernier verset du Ramayana
dans la traduction de M. A. Roussel

Glossaire

(des noms propres)

La trilogie des dieux

Brahma : le premier dieu de la trilogie des dieux hindous. Il est considéré comme le créateur de l'univers.

Vishnu : le dieu qui protège l'univers et maintient son équilibre. Il se manifeste aux hommes sous forme d'incarnations ou « avatars », chaque fois que cela est nécessaire, pour rétablir l'équilibre et l'harmonie du monde. On dit que Vishnu s'est incarné dix fois et, dans le Ramayana, Rama est considéré comme l'un de ces avatars. Vishnu est souvent représenté avec quatre bras, tenant respectivement la conque, la massue, le lotus et le disque.

Shiva : le troisième dieu de la trilogie hindoue ; il est considéré comme le destructeur de l'univers. C'est le dieu des ascètes et on le représente généralement en posture de méditation sur un sommet de l'Himalaya.

Les divinités

Agni : le dieu du feu.

Asuras : les démons ou ennemis des dieux, autre nom des rakshasas.

Devas : les dieux. La racine sanscrite signifie « qui brille ».

Kubera : le dieu des richesses et le roi de Lanka, détrôné par Ravana.

Indra : le roi des dieux et le chef des armées célestes.

Rakshasas : autre nom des asuras.

Varuna : le dieu de l'océan.

Vayu : le dieu du vent.

Les personnages

Angada : fils du roi des singes, Sugriva, et allié de Rama.

Bharata : fils du roi Dasaratha et de la reine Kaikeyi. Frère de Rama.

Dasaratha : roi de Kosala. Père de Rama.

Hanuman : singe prodigieux, fils de Vayu, le dieu du vent. Compagnon de Sugriva, le roi des singes. Messager et serviteur fidèle de Rama et Sita.

Janaka : roi de Mithila. Père de Sita.

Jatayu : aigle, ami du roi Dasaratha et serviteur fidèle de Rama et Sita. Se sacrifie en essayant de sauver Sita.

Kaikeyi : épouse favorite du roi Dasaratha. Mère de Bharata. Fait exiler Rama.

Kausalya : première épouse du roi Dasaratha. Mère de Rama.

Lakshmana : fils du roi Dasaratha et de la reine Sumitra. Frère préféré de Rama.

Manthara : servante bossue et perfide de la reine Kaikeyi.

Maricha : fils de la démone Tataka. Sur les ordres de Ravana, se transforme en biche pour séduire Sita.

Rama : fils aîné du roi Dasaratha et de la reine Kausalya. Héros du Ramayana. Selon la légende, il est l'incarnation du dieu Vishnu, venu sur terre pour anéantir les forces du mal et rétablir l'ordre et la paix. Il représente le bien, la justice.

Ravana : chef des rakshasas et roi de Lanka, le démon aux dix têtes. Ennemi de Rama.

Sampati : frère de l'aigle Jatayu.

Satrughna : fils du roi Dasaratha et de la reine Sumitra. Frère de Rama.

Sita : fille du roi Janaka. Épouse de Rama. Elle représente la beauté et la pureté.

Sugriva : singe d'origine divine, fils du soleil. Frère de Vali, roi des singes, au royaume de Kishkinda. Allié de Rama.

Sumantra : Premier ministre du roi Dasaratha. C'est lui qui conduit le chariot des princes sur le chemin de l'exil.

Sumitra : épouse du roi Dasaratha. Mère de Lakshmana et Satrughna.

Surpanaka : démone, sœur de Ravana.

Tara : épouse de Vali, roi de Kishkinda.

Vali : singe d'origine divine, fils d'Indra. Roi des singes, au royaume de Kishkinda, tué par Rama.

Valmiki : grand sage qui passe pour être l'auteur du Ramayana.

Vanaras : nom donné aux singes guerriers alliés de Rama. Selon la légende, ils sont fils des dieux ou devas.

Vasishta : grand sage, conseiller du roi Dasaratha et précepteur de Rama et ses frères.

Vibhishana : frère du démon Ravana qui se met au service de Rama.

Viswamitra : grand sage, qui initie Rama et Lakshmana au métier des armes et leur apprend à vaincre les démons.

Glossaire

(des noms communs)

Ashram : ermitage ou habitation simple et retirée dans un lieu solitaire, favorable à la vie spirituelle.

Brahmine : celui qui a atteint à la connaissance du Brahma ou Être suprême. Par extension, première caste dans l'échelle sociale indienne, composée des prêtres et des érudits.

Devi : nom donné en Inde à une femme à laquelle on s'adresse avec respect.

Dharma : le devoir moral et religieux que chacun se doit d'accomplir et de respecter.

Gopuram : dôme des temples hindous.

Guru : maître. La racine sanscrite signifie « celui qui dissipe les ténèbres de l'ignorance ».

Mantra : brève formule sacrée dont la répétition constitue la prière.

Pushpaka : chariot magique qui peut voyager sur terre, sur mer ou dans les airs, suivant la volonté de celui qui le dirige. Ravana s'en empare et Rama y monte avec les siens après sa victoire pour regagner Ayodhya.

Rajarishi : un roi qui a renoncé au trône pour mener une vie religieuse.

Rishi : saint, ermite, anachorète.

Sastras : traités des diverses sciences en langue sanscrite.

Vedas : recueils d'hymnes ou textes sacrés de la tradition hindoue.

Vina : instrument à cordes de l'Inde du Sud.

La transcription des noms et des mots sanscrits a été simplifiée. Notons cependant quelques règles simples de prononciation : la voyelle *u* se prononce *ou* en français ; les consonnes *sh* se prononcent *ch* en français.

Table

Le livre de la guerre
Le triomphe de Rama

Folio Junior
Première collection de poche pour la jeunesse : plus de 500 titres disponibles

Alcott, Louisa May
Les quatre filles du docteur March

Andersen, Hans Christian
La reine des neiges
La vierge des glaciers

Anonymes
Ali Baba et les quarante voleurs
Aventures du baron de Münchhausen
Histoire d'Aladin ou la lampe merveilleuse
Histoire de Sindbad le marin
Histoire du petit bossu
Le roman de Renart / I
Le roman de Renart / II

Arrou-Vignod, Jean-Philippe
Le professeur a disparu

Asturias, Miguel Angel
L'homme qui avait tout, tout, tout

Aymé, Marcel
Les bottes de sept lieues
Les contes bleus du chat perché
Les contes rouges du chat perché

Barrie, James Matthew
Peter Pan

Beecher Stowe, Harriet
La case de l'oncle Tom

Boileau-Narcejac
Sans Atout contre l'homme à la dague
Les pistolets de Sans Atout

Borodine, Leonide
L'année du miracle et de la tristesse

Bosco, Henri
L'âne Culotte
L'enfant et la rivière
Le renard dans l'île

Buisson, Virginie
L'Algérie ou la mort des autres

Burnett, Frances H.
Le petit lord Fauntleroy

Buzzati, Dino
La fameuse invasion de la Sicile par les ours
Le chien qui a vu Dieu

Cameron, Ian
Le cimetière des cachalots

Campbell, Reginald
Sa Majesté le tigre

Camus, William
Les oiseaux de feu
et autres contes peaux-rouges

Camus, William/Grenier, Christian
Cheyenne 6112
Une squaw dans les étoiles

Capote, Truman
L'invité d'un jour

Carré, Gérard
La troisième guerre mondiale n'aura pas lieu

Caroll, Lewis
Alice au pays des merveilles
De l'autre côté du miroir

Causse, Rolande
Rouge Braise

Cendrars, Blaise
Petits contes nègres pour les enfants des blancs

Chaillou, Michel
La vindicte du sourd

Chrétien de Troyes
Yvain le chevalier au lion

Cole, Gerald
La petite amie de Grégory

Collodi, Carlo
Pinocchio

Colum, Padraïc
Le fils du roi d'Irlande

Cooper, James Fenimore
Le dernier des Mohicans

Coué, Jean
Kopoli, le renne guide
L'homme de la rivière Kwaï

Crompton, Richmal
William au musée de cire
William mène l'enquête
William marchand d'esclaves
William le Hors-la-loi
William le conquérant
William et le chasseur de fauves
La ménagerie de William
William va au cinéma
William le vengeur

Dahl, Roald
Charlie et la chocolaterie
Charlie et le grand ascenseur de verre
Escadrille 80
James et la grosse pêche
L'enfant qui parlait aux animaux *et autres nouvelles*
La potion magique de Georges Bouillon
Le Bon Gros Géant
Le cygne *suivi de*
La merveilleuse histoire de Henry Sugar
Les deux gredins
Matilda
Moi, Boy
Sacrées sorcières

Daudet, Alphonse
La dernière classe
et autres contes du lundi
Le petit Chose
Lettres de mon moulin
Tartarin de Tarascon

Desai, Anita
Un village près de la mer

Dhôtel, André
Le pays où l'on n'arrive jamais

Dick, Philip K.
Nick et le Glimmung

Doyle, Arthur Conan
Le chien des Baskerville

Durrell, Lawrence
Les Aigles Blancs de Serbie

Falkner, J. Meade
Moonfleet

Fallet, René
Bulle ou la voix de l'océan

Faulkner, William
L'arbre aux souhaits

Fon Eisen, Anthony
Le prince d'Omeyya

Forsyth, Frederick
Le berger

Fournel, Paul
Un rocker de trop

Frémion, Yves
Tongre

Frère, Maud
Vacances secrètes

Gamarra, Pierre
Six colonnes à la une

Garfield, Léon
Le fantôme de l'apothicaire
La Rose de Décembre

Garrel, Nadine
Au pays du grand condor
Les princes de l'exil

Gautier, Théophile
Le roman de la momie

Gilbreth, Ernestine et Frank
Treize à la douzaine

Giono, Aline
Mon père, contes des jours ordinaires

Golding, William
Sa Majesté des Mouches

Gordon, Donald
Alerte à Mach 3

Grimm
Hans-mon-hérisson
et autres contes
Les trois plumes
et autres contes

Gripari, Pierre
La sorcière de la rue Mouffetard
et autres contes de la rue Broca·
Le gentil petit diable
et autres contes de la rue Broca

Halévy, Dominique
L'enfant et l'étoile

Hatano, Isoko et Ichiro
L'enfant d'Hiroshima

Hemingway, Ernest
Le vieil homme et la mer

Hickok, Lorena A.
L'histoire d'Helen Keller

Hines, Barry
Kes

Hope, Anthony
Le prisonnier de Zenda

Howker, Janni
Le blaireau sur la péniche

Jackson/Livingstone
Le Sorcier de la Montagne de Feu

Jacob, Max
Histoire du roi Kaboul Ier et du marmiton Gauwain

Jayez, Renée
Guemla des collines

Jerome, Jerome K.
Trois hommes dans un bateau

Kästner, Erich
La conférence des animaux
Les gens de Schilda

Keiser, Bruno
Le roi d'échecs

Kemal, Yachar
Le roi des éléphants et Barbe-Rouge la fourmi boiteuse

Kessel, Joseph
Le lion
Le petit âne blanc
Une balle perdue

King-Smith, Dick
Le cochon devenu berger
Harry est fou

Kipling, Rudyard
Capitaines courageux
Histoires comme ça
Le livre de la Jungle
Le second livre de la Jungle
Stalky et Cie

Kis, Danilo
Chagrins précoces

La Fontaine, Jean de
Le loup et l'agneau
et autres fables

Lansing, Alfred
Les rescapés de l'Endurance

Laureillard, Rémi
Fred le nain et Maho le géant
Une fée sans baguette
Les terribles Zerlus

Le Clézio, J.M.G.
Celui qui n'avait jamais vu la mer *suivi de* La montagne du dieu vivant
Lullaby
Villa Aurore
suivi de Orlamonde

Léourier, Christian
Le chemin de Rungis

Le Roy, Eugène
Jacquou le croquant

Letessier, Dorothée
Jean-Baptiste ou l'éducation vagabonde

Leusse, Claude de
La Belle et le Feijão

Lluch, Victor Angel
Les peintures de sable

London, Jack
Croc-Blanc
L'amour de la vie
suivi de Négore le lâche
L'appel de la forêt
Le fils du loup
Le loup des mers

Mac Orlan, Pierre
L'Ancre de miséricorde
Les clients du Bon Chien Jaune

Malot, Hector
En famille / I
En famille / II
Sans famille / I
Sans famille / II

Manceron, Claude
Austerlitz
Le citoyen Bonaparte

Martin, Didier
Frédéric + Frédéric = Frédéric

Massepain, André
L'île aux fossiles vivants

Maurois, André
Patapoufs et Filifers

Mebs, Gudrun
L'enfant du dimanche
Je sais où est la clef

Ménard, Jean-François
Le voleur de chapeaux et autres contes pour la semaine

Mérimée, Prosper
Colomba

Merrick, Hélène
Les larmes de glace

Mirman, Louis
Grite parmi les loups
Le silex noir
Youg
A la recherche de Tiang

Morgenstern, Susie
Premier amour, dernier amour

Mörike, Eduard
Un voyage de Mozart à Prague

Morpurgo, Michael
Cheval de guerre
Le jour des baleines

Noguès, Jean-Côme
Le vœu du paon

Ollivier, Jean
Histoires du gaillard d'avant

Pef
La grande aventure du livre

Pelgrom, Els
L'étrange voyage de Sophie

Pelot, Pierre
Sierra brûlante

Pergaud, Louis
La guerre des boutons

Perrault, Charles
Contes de ma mère l'Oye

Pestum, Jo
Le pirate sur le toit

Peyramaure, Michel
La vallée des mammouths

Poe, Edgar
Le chat noir *et autres nouvelles*

Prévert, Jacques
Contes pour enfants pas sages
Lettres des îles Baladar

Price, Willard
Pièges dans la jungle
Pièges sous le Pacifique

Randier, Jean
Un mousse au cap Horn

Renard, Jules
Poil de Carotte

Rostand, Edmond
Cyrano de Bergerac

Roy, Claude
Désiré Bienvenu
Enfantasques
La maison qui s'envole
Le chat qui parlait malgré lui

Ruge, Simon et Desi
La chatte au chapeau

Saint-Exupéry, Antoine de
Le petit prince

Sand, George
Histoire du véritable Gribouille

Saussure, Éric de
Les oiseaux d'Irlenuit

Scott, Walter
Ivanhoé / I
Ivanhoé / II

Ségur, comtesse de
François le bossu
Jean qui grogne et Jean qui rit
L'auberge de l'Ange Gardien
Le général Dourakine
Le mauvais génie
Les bons enfants
Les deux nigauds
Les malheurs de Sophie
Les petites filles modèles
Les vacances
Mémoires d'un âne
Nouveaux contes de fées
Un bon petit diable

Seidler, Tor
Le rat Montagu

Sempé, Jean-Jacques
Marcellin Caillou

Sempé / Goscinny
Joachim a des ennuis
Le petit Nicolas et les copains
Les récrés du petit Nicolas
Les vacances du petit Nicolas

Séverin, Jean
Le soleil d'Olympie

Sewell, Anna
Black Beauty

Shahar, David
Riki, un enfant à Jérusalem

Shelley, Mary
Frankenstein

Simon, Njami
Les clandestins
Les enfants de la cité

Solet, Bertrand
Les révoltés de Saint-Domingue

Stahl, P.J.
Les aventures de Tom Pouce

Steig, William
Dominic
L'île d'Abel
Le vrai voleur

Steinbeck, John
Le poney rouge

Stevenson, Robert Louis
L'étrange cas du Dr Jekyll et de M. Hyde
L'île au trésor
Le diable dans la bouteille

Sue, Eugène
Kernok le pirate

Surget, Alain
Les flèches de silence

Swift, Jonathan
Premier voyage de Gulliver - Voyage à Lilliput
Deuxième voyage de Gulliver - Voyage à Brobdingnag

Tanase, Virgil
Le bal sur la goélette du pirate aveugle

Thompson, Kay
Éloïse

Thurber, James
La dernière fleur

Tolkien, J.R.R.
Le Seigneur des Anneaux
Livre I à VI

Tournier, Michel
L'aire du muguet
Les contes du médianoche
Les Rois Mages
Sept contes
Vendredi ou la vie sauvage

Twain, Mark
La célèbre grenouille sauteuse *et autres contes*
Huckleberry Finn
Les aventures de Tom Sawyer
Une aventure de Tom Sawyer détective

Vacher, André
Noulouk

Vaxelaire, Daniel
Chasseurs de Noirs

Verne, Jules
Autour de la lune
Aventures de trois Russes et de trois Anglais dans l'Afrique Australe
Cinq semaines en ballon
De la terre à la lune
La journée d'un journaliste américain en 2889 *suivi de* L'éternel Adam
Les Indes-Noires
Un hivernage dans les glaces
Le tour du monde en quatre-vingts jours
Les révoltés de la « Bounty » *suivi de* Un drame au Mexique
Maître Zacharius *suivi de* Un drame dans les airs
Michel Strogoff / I
Michel Strogoff / II
Une fantaisie du docteur Ox
Vingt mille lieues sous les mers / I
Vingt mille lieues sous les mers / II
Voyage au centre de la terre

Véry, Pierre
Les disparus de Saint-Agil
L'assassinat du père Noël

Villiers de l'Isle-Adam
Treize contes maléfiques

Wells, Herbert George
La guerre des mondes
La machine à explorer le temps
L'île du docteur Moreau

Wilde, Oscar
L'anniversaire de l'Infante *suivi de* L'enfant de l'étoile
Le prince heureux, le géant égoïste *et autres contes*

Williams, Charles
Fantasia chez les ploucs

Wolgensinger, Jacques
L'épopée de la Croisière Jaune

Wul, Stefan
Niourk

Zimnik, Reiner
Jonas le pêcheur
Les tambours

Achevé d'imprimer
le 6 mai 1991
sur les presses de
l'imprimerie Hérissey
à Évreux (Eure)

Imprimé en France
Dépôt légal : mai 1991
N° d'impression : 54236
ISBN 2-07-033628-X

52125